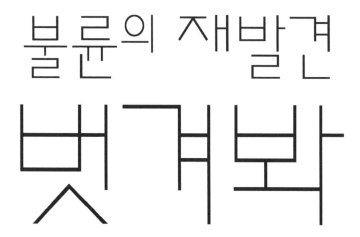

불륜의 재발견

벗겨봐

아비가일 차 지음

모아북스
MOABOOKS

은밀히 행해지는 짜릿한 일탈

불륜의 재발견

벗겨봐

아비가일 차 지음

모아북스
MOABOOKS

꼬리에 꼬리를 물며 펼쳐지는
유쾌한 지식 반전, 벗겨봐 시리즈!

상식의 고수도 말해주지 않는 개념의 의미를 읽는다

2000년대를 살아가는 현대인은 인류 역사를 통틀어 가장 똑똑한 사람들이다. 과학기술과 의학의 발전으로 과거에 비해 윤택한 삶을 살고 있고, 고등교육이 일반화된 덕에 아는 것도 많아졌다.

우리는 초등학교부터 고등학교 때까지 삶에서 필요한 경제, 문화, 건강과 관련한 거의 모든 지식을 배운다. 하지만 그 지식을 얼마나 잘 써먹는가는 별개의 문제다. 여러분은 어떤가? 학교에서 배운 지식을 실생활에서 제대로 응용하고 있는가? 무슨 일이 닥치더라도 지금껏 배워온 지식으로 어려움을 이겨낼 자신이 있는가?

이 대답에 '그렇다'고 대답한다면 당신은 대단하다. 대부분은 사회에 나가 실생활에 부닥치면서 지금껏 알고 있던 지식이 '교과서에서 배운 것'에 불과했음을 깨닫게 되기 때문이다.

상식의 껍질을 벗기는 지식의 라이브러리

인간은 무한대로 발전하는 존재다. 지식도 그렇다. 우리는 얼마든지 박학다식해질 수 있다. 평생교육과 평생지식의 시대, 이제 지식의 업데이트는 삶의 질을 높이는 데 필수불가결한 요소가 되었다.

10년 전에 통했던 대부분의 지식은 오늘날에는 그대로 적용되지 않는다. 주변을 둘러보라. 세상은 끊임없이 변하고, 수많은 가치관과 통념이 무너지고 있다. 과학자들이 실험을 통해 오류를 고쳐나가고 새로운 발견을 해내듯, 이제 우리도 지식 4.0 시대를 대비해 지식 업데이트를 해야 한다.

재미있고 활용도 높은 벗겨봐 시리즈, 과연 옳은가!

이 시대에도 여전히 유효한 진리가 있을까? 있다. 바로 '아는 것이 힘' 이라는 진리다.

삶이 빡빡하다고 생각하는 당신에게 즐거운 '지식 반전' 을 선사하는 '벗겨봐' 시리즈는 우리 삶에 가장 가까운 편견 없는 주제들을 통해 새로운 지식의 문을 열어준다. 지금까지 틀에 박힌 상식으로 세상을 대했다면, '벗겨봐' 시리즈는 편견을 벗어나 삶과 밀접한 지식을 얻을 수 있는 새로운 기회가 될 것이다.

풍부한 지식, 편견 없는 지식을 가진 사람은 직장생활과 가정생활, 그 외 수많은 인간관계 속에서 훌륭하게 어려움을 헤쳐나간다. 어딜 가도 고리타분한 사람이라는 말을 듣지 않는 사람, 주변 사람에게 즐거움과 지식을 나눠주는 사람을 꿈꾸는가? 그렇다면 '벗겨봐' 시리즈가 여러분 곁에서 훌륭한 조언자가 될 것이다.

불륜은 왜?

"다른 건 다 용서해도 바람은 절대 용서 못 합니다!"
"불륜을 저지른 사람이랑 어떻게 한 이불을 덮고 자요?"
"그 사람이 딴 사람하고 관계를 하는 순간 우리 결혼은 끝장
난 겁니다!"

배우자의 불륜으로 상처 입은 분들이 하나같이 하는 말이다.
누구나 자신의 배우자가 불륜 행위를 했다는 것을 알게 되면
결혼 생활이 끝났다고 느끼면서 무지막지한 감정의 소용돌이
에 빠지고 만다. 그리고 자신의 모든 것이 돌이킬 수 없이 파괴
되었다고 극단적으로 받아들이고 이 과정에서 이성을 잃어버
린다. 또한 분별력을 잃은 마음은 상황을 확대 해석하고 분노
와 절망에 빠져 관계를 벼랑 끝에 세운다. 그 관계에 귀속된 자
기 삶마저 내동댕이쳐지는 게 당연하다고 생각하면서 말이다.

그러나 너무나 큰 충격 때문에, 당사자가 놓친 게 하나 있다.
당시에 느낀 생각과 감정이 진실이 아닐 수도 있다는 사실이

다. 이에 대해 샤를르 드 푸코는 『나는 배웠다』라는 시에서 이렇게 말하고 있다.

"두 사람이 서로 다툰다고 해서
서로 사랑하지 않는 게 아님을 나는 배웠다.
그리고 두 사람이 서로 다투지 않는다고 해서
서로 사랑하는 게 아니라는 것도.
두 사람이 한 가지 사물을 바라보면서도
보는 것은 완전히 다를 수 있음을."

불륜 행위를 겪으면서 모든 사랑이 끝나고 관계도 끝이 날 것이라는 생각이 얼마나 추상적인 것인지를 알 수 있다. 정말로 끝이 날 것인지, 극복하여 관계를 유지할 것인지에 따라 결과가 바뀐다. 따라서 어차피 벌어진 일에 쏟아붓는 파괴적인 감정과 행동은 문제해결에 전혀 도움이 되지 않는다. 옳은 방법이 무엇인지 모르기 때문에, 나중에 후회할 행동을 하고 만다. 시간이 지나 폭풍처럼 몰아쳤던 감정이 가라앉고 난 후에야 비로소 옳지 않았음을 알게 된다.

나는 불행한 결혼 생활 끝에 불륜이 결정적 계기가 되어 이혼했다. 이미 결혼 생활에는 고통이 가득한 상황이었고 남편도 불륜을 멈출 생각이 없었으므로 결국 이혼했다. 놀라운 사실은, 당시 나는 할 수만 있다면 이혼을 막고 싶었다는 것이다.

　나를 끔찍이도 사랑해주던 아버지는 내가 세 살이 되던 해 갑자기 세상을 떠나셨는데, 태산과도 같던 아버지의 빈자리는 내 전 생애를 결핍에 시달리게 했다. 그래서 이혼으로 인해 하나밖에 없는 아들도 나처럼 결핍 속에서 자랄까봐 두려웠다.
　멀미가 날 것 같은 혼란 속을 통과하면서 많은 시행착오를 거쳤다. 정신을 똑바로 차리려고 노력했지만, 옳은 방법을 알지 못했다. 도무지 앞이 보이지 않아 온 천지를 더듬으며 고통에서 벗어나려 발버둥쳤다. 사회의 통념과 나도 모르게 자리잡은 고정관념이 최고의 걸림돌이었는데, 남은 평생 이런 고통을 안고 살아야 하는 건 아닌지 절망스러웠다.

　주변에서 누구라도 나서서 우리 부부를 도와주기를 간절히 바랐으나, 도와주겠다고 나서는 사람이 아무도 없었다. '바람피운 배우자와 어떻게 사느냐' 고 불난 집에 부채질하거나, '아이를 생각해서 참으라' 고 하거나, '네가 무심해서 그런 것이 아니냐' 는 등 억장 무너지는 소리를 하면서 내게 이혼을 종용했다. 심지어는 '이런 결혼을 유지한다면 절연하겠다' 는 소리까지 들었다. 나의 결혼 생활은 주변 모두가 알 정도로 실패하고 있었다. 이혼하고 홀로 서는 과정은 상상하던 것보다 길고 고통스러웠다.

한편으론 괴로운 관계를 끝낸 후련함도 있었는데, 그것은 잠깐의 단꿈이었다. 비현실적이고 막연한 기대로 부푼 짧은 몇 주가 지나자 혹독한 현실을 마주하게 되었다. 그간 내 생애에 누적되었던 모든 고통이 일제히 분출되면서 나를 뒤흔들었고, 그러는 사이 내 삶이 망가지면서 내 존재가 뿌리 뽑히는 혼돈을 겪어야만 했다.

살면서 한 번도 겪은 적 없었던 이름 모를 온갖 부정적 감정이 한데 뒤엉켜 내 존재를 위협했으며, 그 감정을 어찌해야 하는지 알 수 없어 두려워 떨었다. 혹시라도 나 자신을 스스로 해쳐 삶을 포기하게 될까봐, 아빠 잃은 아들이 엄마마저 잃게 될까봐, 두려워하는 아들의 눈동자를 마주할 때는 차마 숨을 쉴 수도 없었다. 그래서 엄마인 나는 아들을 위해서라도 어떻게든 이겨내기 위해 할 수 있는 모든 것을 해야만 했다.

대체 왜 이토록 숨쉬기도 힘들 정도로 고통스러운 것일까? 나는 그 이유를 알기 위해 미친 듯이 공부했다. 간통죄가 폐지되면서 불륜이 일상 속 깊이 파고들었다는 사실을 알고 놀라움을 금치 못했다. 점점 스마트해지고 다양해지는 현대 세상에서 증거를 잡아내기도 힘들어졌다. 불륜을 저지르고도 오히려 더 당당해하고 죄책감도 느끼지 않으며, 사랑이라고 우긴다.

당신이 겪은 일은 누구에게나 일어날 수 있는 일이라는 것을 알아야 한다. '왜 나냐'고 외치느라 에너지를 소비하지 말자.

아무것도 아니라고 생각하면 아무것도 아닌 일이 된다. 그러니 말도 안 되는 일을 이해하려고 자신을 들볶지 말자. 대신 왜 이런 일이 일어날 수밖에 없었는지, 어떻게 해결해야 할지를 알아내기 위해 온 힘을 모으자.

우여곡절을 겪으며 나는 성장했고 지금은 자유를 누리며 살고 있다. 이 과정을 비통함에 빠진 여러분과 나누고, 더는 헛된 감정과 시간에 휘둘리지 않길 바라는 마음에서 책으로 내놓게 되었다. 더 이상 좌절과 절망에 빠져 쓰러지고 싶지 않았고, 소중한 아들을 지켜내고 싶었다. 그래서 그 시간 속에서 내가 깨달은 사실을 이 책으로 엮었다. 이 책을 읽고 나면 결혼에 대한 잘못된 기대와 환상, 사랑의 유효기간과 불륜의 민낯, 우리가 외면해왔던 결혼이라는 어슴푸레했던 현실에서 눈을 뜨게 될 것이다.

내가 당한 고통이 대상을 바꾸어가며 생생하게 명맥을 유지하고 있다. 고통스러운 시간이 이끌어온 자리에서 나와 같은 아픔으로 신음하는 많은 사람을 만났다. 한 발짝도 내디딜 수 없는 혼돈에서 소중한 것을 어떻게 지켜야 할지 고뇌하는 이들이었다. 그 모든 이의 슬픔 속에서 지난날 상처 입었던 나의 모습을 보았다.
누군가의 경험과 성장통은 다른 이에게 힘을 주기도 한다.

그래서 고통스러운 일이 벌어지는 걸 막을 수는 없어도 빨리 빠져나올 수 있도록 비상구를 준비하고 싶었고, 좀 더 수월한 길을 내고 싶었다. 상처 입은 마음이 온 힘을 다해 그 수렁에서 벗어날 때 상처 입었던 내가 비로소 해방되었다.

취약했던 나를 위해 마음을 내어주었던 많은 사랑에 진 빚이 적지 않다. 내가 경험한 '진정한 해방'을 맛볼 수 있기를 빚진 마음으로 소망하며 이 책을 썼다. 상처가 영롱한 진주로 빛나게 될 것임을 믿으며.

아비가일 차

이 책은 현재 배우자의 불륜이라는 커다란 시련을 겪는 분들에게 출구를 제시하고자 했으며, 이미 불륜의 폭풍을 지나온 분들이 겪은 후유증을 대비하는 데 필요한 노하우를 아낌없이 공유하고자 하였다.

   아직 결혼하지 않은 분들에게는 행복한 결혼 생활을 위해서는 비결이 있음을 알려주고 싶었다. 경험하지 않는 게 제일 좋겠지만, 미리 알게 되면 훗날 중요한 판단을 내릴 때 이 충고들이 기억나서 도움이 될 수 있기 때문이다. 그때 그 말이 이걸 두고 한 말이었음을 고개를 끄덕이며 떠올릴 수 있다면 그것으로 족하다. 따라서 결혼을 앞둔 예비부부에게는 환상이 아닌 현실적인 결혼의 의미와 실체를 알 수 있는 도구가 될 것이다.

   또한 행복한 결혼 생활을 위해서 왜 노력과 협력이 필요한지를 알 수 있다. 결혼에 대한 환상과 오해 때문에 시작부터 어긋나 최소한, 결혼만 하면 모든 게 저절로 잘 되리라는 착각은 확실히 깨줄 수 있다. 그러므로 '결혼'에 속한 모든 사람에게 이 책은 길잡이가 될 수 있다. 이미 벌어진 불륜에 지혜롭게 대처하는 것은 물론이고, 끝끝내 상처투성이가 되어 서투르게 불행한 결말을 선택하는 일이 벌어지지 않도록 예방하기 위해서라도 꼭 새겨야 할 중요한 해결 방법을 제시했기 때문이다.

이를 위해 1장에서는 불륜의 시작과 특징적인 징후에 대해 다루었다. 배우자의 불륜으로 인해 벌어지는 현상을 구체적인 실제 사례를 들어 설명했다.

2장에서는 금지된 사랑이라 일컫는 금사에 빠지는 이유에 대해 다루었다. 상처 입은 배우자가 생각하는 것처럼 단지 성적 쾌락 때문만은 아니라는 것을 설명했다. 정확한 원인을 아는 것이야말로 문제를 해결하는 중요한 열쇠라는 것을 이해할 수 있다.

3장에서는 상처 입은 배우자가 불륜에 대처하는 노하우에 대해 다루었다. 불륜을 저지른 자들을 저주하면서 본인이 고통스러워해서는 안 된다. 사회적 통념이 정해놓은 답은 독이 될 뿐이므로 불행을 키우지 않고 해결하기 위해 각 사례에 맞게 지혜롭게 대처할 수 있도록 안내했다.

4장에서는 불륜 사건을 겪고 난 후, 후유증을 최소화하고 수렁에서 빠져나와 삶을 다시 일으키는 방법에 대해 제안했다. 상처는 적극적으로 다루지 않으면 마음속에서 무성하게 자라 삶을 집어삼키고 만다. 힘든 시간을 지나온 내 삶을 어떻게 보살피고 보호해야 하는지 알 수 있다.

5장에서는 불륜자가 꼭 알아야 할 내용을 다루었는데, 불륜 당사자도 잘못을 되돌릴 방법을 알 필요가 있기 때문이다. 자기 잘못을 반성하고 새롭게 헌신을 다짐함으로써 가정을 되살릴 수 있다. 단 한 번의 잘못이었다면, 반성하며 속죄하면서 용서받을 자격을 구해야 한다.

6장에서는 행복한 결혼 생활을 위한 지침서를 다루었다. 함께 할 때 즐거운 관계는 건강하고 끈끈해진다. 친밀감이 높은 부부 관계가 되기 위한 실제적 방법을 안내함으로써 즉시 실행할 수 있도록 제시했다. 부부 사이는 편해야 하는 사이라며 서로를 홀대하는 무례를 친절과 호의로 바꾸는 방법에 대해 알 수 있다.

끝으로, 7장에서는 불륜 사건을 겪은 분들이 궁금해하는 질문에 대한 저자의 답을 썼다. 개개인의 사정이 모두 다르기에 대답은 포괄적이겠지만, 문제 해결의 시작이자 실마리가 될 것이기에 핵심만은 분명하다. 비본질에 사로잡혀 삶을 내동댕이치지 말라는 간절한 외침이다.

끝이 없을 것만 같은 당신의 고통은 절대 영원하지 않다. 배우자의 불륜을 당신의 삶을 되돌아보는 계기로 삼아 발전할 수 있는 전환점이 될 수 있다. 자신을 옭아맨 덫에서 빠져나와 해방되어 보자. 부디 고통 속에서 힘겹게 하루하루를 버티는 많은 분이 얼마 지나지 않아 후회하게 될 어리석은 선택을 하는 것을 막기 위해 이 책이 쓰임 받기를 바란다.

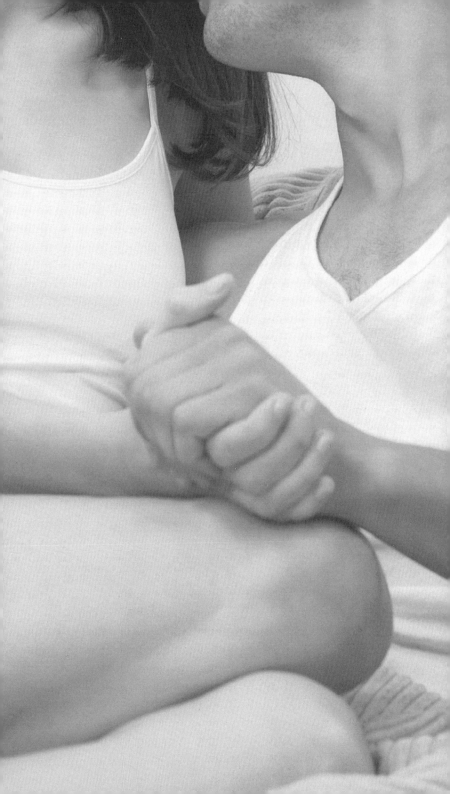

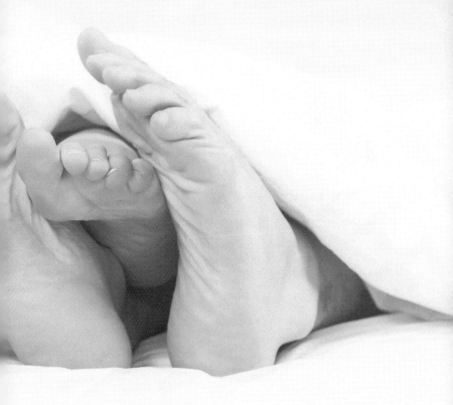

1장
~
불륜의 시작은?

1. 불륜은 달콤한 로맨스

불륜이 생겼다는 것은 부부 관계를 지키기로 한 맹약을 저버리고 배신했다는 뜻이며 배우자의 불륜이 밝혀지면 이전에는 경험해보지 못한 감정의 소용돌이에 휩싸인다. 절망에 빠져 밤새 울부짖으며 분노를 삭이지 못하고, 저주를 퍼붓거나 폭력을 쓰기도 하고 가재도구를 깨부수거나 악담을 퍼부으며 극단적인 분노의 감정을 표출한다.

갑자기 벌어진 상황 때문에 현실과 동떨어진 느낌이 들고 인과관계를 이해해보려고 안간힘을 써보지만, 왜 자신에게 이런 일이 벌어졌는지, 결과가 어떻게 될지를 혼란 속에서 생각한다. 가정이 깨지고, 자녀와 자신이 배우자에게 버림받고, 배우자를 빼앗길까봐 두려워하고 걱정한다.

어디에서부터 잘못되었을까?
바로잡을 수 있을까?

상처 입은 배우자로서는 갑작스러운 일이지만, 불륜은 부부 관계에 있어 많은 배신 중의 하나일 뿐이다. 서로만을 바라보며 존중하고 신뢰하겠다는 계약을 깨는 배신의 행위에는 불륜 외에도 정서적 학대, 가정폭력, 경제적 위기 및 위험 등이 있다. 불륜은 부부 관계를 단숨에 깨뜨리는 폭탄과도 같은 위력을 지니지만, 서서히 진행되어 미처 알아차리지 못했을 뿐이다.

  일반적으로 기대와 설렘으로 충만했던 결혼 생활은 점차 일상에 젖어 익숙함으로 미지근해진다. 익숙함이 편안함으로 가는 보통의 정상적인 부부와 달리, 권태와 일탈로 빠지는 부부들이 생각보다 많다. 비밀리에 은밀하게 이어지던 불륜 관계가 밝혀지면서 배신으로 얼룩진 부부의 민낯이 기어이 드러나고야 만다.

  세계적인 부부 관계 감정치유 전문가인 가트맨 박사가 50년 이상 연구한 자료에 의하면, 반복되는 싸움으로 불행한 부부 중 70%에서 불륜의 위험이 커진다고 한다. 만족스럽지 못한 결혼 생활에서 부부는 서로를 소중히 여기지 않기 때문에 부부 관계에 불만이 생길수록 신뢰도는 급격히 떨어지면서 부부 관계에 만족감을 느끼지 못하게 된다. 결국 배우자는 잘못된 싸움의 방식을 통해 그 원인을 상대에게서 찾으려 하며 더 이상 사랑스럽지 않은 배우자가 나쁜 관계의 주범이라고 생각한다. 불만에 가득 찬 마음은 배우자를 다른 사람과 비교하기 시작하고, 점점 더 배우자를 평가절하하며 거리감을 만든다.

결혼이라는 크나큰 관문을 힘겹게 거쳤는데도, 배우자가 바람을 피우는 이유는 무엇일까?

연애할 때 끌렸던 배우자만의 매력을 못 느끼거나, 현재 만난 이성에게 매료되고 말았기 때문이다. 유혹은 시작되었고, 유혹의 늪에 빠져서 허우적대는 사이 이미 돌이킬 수 없는 상황에 치닫고 만다.

인간은 사회생활을 통해 관계를 맺으며 새로운 직장이나 취미를 위해 이성과 교류하고 접촉한다. 골프를 하거나 등산, 헬스, 악기나 그림을 배우고 즐기는 취미생활 속에서는 배움 외에는 아무런 일도 일어나지 않을 것만 같지만 사람이 있는 곳이라면 언제 어디서 어떤 일이 일어날지는 아무도 모른다.

일상에 권태를 느끼던 배우자가 젊었을 적 이상형을 만났다면 설렐 수도 있다. 음식도 건강에 좋은 밍숭맹숭한 맛보다 건강에 나쁘더라도 자극적이고 짜고 매운 맛을 선호하는 것처럼, 일탈은 멈추려 해도 더 생각나고 여운도 오래 남는다.

그러나 연애 감정으로 바뀔 때, 이성적인 감정으로까지 넘어서느냐, 스스로 제어하느냐는 선택할 수 있다. 차라리 썸으로

만 끝나면 다행이지만, 불륜까지 저지르게 된다면 배우자를 몹시 아프게 하고 만다.

생각만 해도 설레고 가슴 뛰게 만드는 절절한 운명의 사랑을 결혼 후에 만나고야 말았다면, 그것은 로맨스일까, 불륜일까? '내로남불'이라는 말처럼 내가 하면 로맨스고 남이 하니 불륜일까? 남녀의 사랑은 언제나 로맨스다. 그러나 결혼 후 다른 사람과의 사랑은 배신이자, 불륜 그 자체다.

2. 불륜 여부를 알 수 있는 7가지 징후들

　현대인의 안방극장에서 사랑받는 단골 소재의 일부가 불륜인 것처럼 남녀의 일부는 불륜을 경멸하면서도 사랑해왔다. 불륜은 하면 안 된다는 사회적 통념에도 불구하고, 무료한 일상의 판타지가 되기도 한다.

　은밀한 일을 행하는 사람은 비밀이 많아지고, 배우자가 알아서는 안 되는 관계를 시작한 사람들은 거짓말이 늘어난다. 불륜에 빠진 두 사람을 매혹시키는 것은 공모하여 저지르는 은밀한 일탈이다.

　현실을 자각하게 하는 모든 의무를 벗어던지고 상상하던 판타지를 실현하는 것이다. 자신을 끊임없이 도발하는 현실에 대한 복수로 달콤한 멜로드라마의 주인공이 되고자 한다. 그러기 위해 거짓말하고 거리를 두며, 자신을 합리화하고 위로하는 과정이 필수가 된다.

　그렇게 아무리 철저히 속이려 들어도 오랜 세월을 함께 살아온 배우자는 처음엔 너무 스치듯 지나가서 인식조차 하지 못하다가 어느 순간 배우자가 낯설다는 느낌을 받는다.

그렇다면, 배우자의 불륜 징후를 알아낼 방법에는 어떤 공통된 특징이 있을까? 다음과 같이 행동하는 배우자를 통해 불륜의 단서를 찾아낼 수 있을 것이다.

첫째, 휴대폰을 손에서 놓지 않는다.

우연히 보게 된 배우자의 휴대폰. 전과 달리 잠금장치가 철저해지고, 무음이나 진동모드로 되어 있다. 카카오톡과 같은 메신저에 비밀번호가 설정되어 잠금 화면에서 알림 내용을 볼 수 없게 되면서 무언가 심상치 않은 상황임을 알아차릴 수 있다. 몰래 해야 하므로 들키지 않도록 온갖 스마트한 수단을 이용하여 비밀스러운 신호를 만들거나 커플용 비밀 앱, 증거가 남지 않는 SNS를 이용하기도 한다.

심지어 다른 사람의 명의로 휴대폰을 하나 더 개통하거나 업무상 투폰을 쓴다든지, 사무실에서만 두고 쓰기도 한다. 같은 동성의 흔한 이름으로 번호를 저장하고선 이성 간 통화처럼 다정한 목소리로 통화하거나, 정해진 시간에만 메시지를 주고받기도 한다.

그러나 어떤 방식으로든 휴대폰으로 연락해야 하므로 분명한 변화가 보인다. 그제야 찰나들이 퍼즐처럼 맞추어지고 인식 체계에 빨간불이 들어온다. 사소한 질문에 민감해하던 배우자의 반응과 빠르게 지워진 통화 내역과 메시지, 막연히 느껴지던 거리감, 이유 없이 활력이 넘치던 모습들이 떠오른다.

일상을 함께 나눌 수 없는 불륜자에게 휴대폰은 필수품이다. 함께 있지 못하는 모든 시간은 애정 어린 보고가 되어 상대에게 실시간으로 전해진다. 여전히 공모자임을 수시로 확인해야 하므로 휴대폰에 쏟는 정성은 줄어들지 않는다. 특징 없는 이름으로 저장한 공모자를 위해 한시도 손에서 휴대폰을 놓지 못한다.

바로 이런 행동 때문에 많은 불륜 사실이 적발되고야 만다. 욕망의 메신저가 잔인한 고발자가 되는 것이다. '현대의 불륜은 휴대폰으로 시작해서 휴대폰으로 끝이 난다'고 해도 지나치지 않을 정도로 많은 불륜 사건의 중심에는 어김없이 휴대폰이 등장한다.

둘째, 구체적인 일정을 공유하지 않는다.

불륜자는 자신의 일상을 가능하면 배우자에게 알리지 않으려고 하는데 일상의 틈을 내어 불륜을 저질러야 하므로 배우자가 아는 일정이 많아질수록 거짓말이 어려워지기 때문이다. 일정을 묻는 배우자의 질문에 짜증을 내고 모호한 대답을 하기 일쑤다. 평범하고 일상적인 질문을 하는 배우자를 꼬치꼬치 캐묻는 피곤한 사람으로 매도하기도 한다.

반면, 배우자의 일정에 대해서는 자주 물어본다. 불륜 상대와의 약속을 맞추기 위해 배우자의 일정을 자세히 확인하려는 경향을 보인다.

셋째, 연락이 잘 닿지 않는다.

연락이 닿지 않는 시간이 잦고 그 시간에 대해서는 얼버무리며 넘어간다. 일을 핑계로 외근이나 야근, 출장과 같은 외부 일정이 많아지며 집 밖에 머무는 시간이 점점 길어지고, 그로 인해 가족과 함께하는 시간은 점차 줄어든다.

넷째, 배우자와 거리를 둔다.

불륜자는 배우자와 감정적으로 혹은 육체적으로도 거리를 둔다. 배우자와 친밀한 관계를 유지하면서 불륜하려면 죄책감에 시달리는 부작용을 겪어야 하기 때문이다. 또한, 배우자를 바라보는 눈빛이 달라지는데, 그 눈빛에는 경멸과 회피가 엿보인다. 상대방의 눈을 똑바로 맑게 바라보지 못하고 옆을 흘기듯 바라보며 매사 핑계가 많아진다.

자기기만은 이기적인 선택을 한 사람에게 그럴듯한 명분을 찾게 해준다. 거리를 두려는 시도로 '촉' 이 발동된다. 뭔가 낯선 느낌을 받는다. 누구와 비교하듯 지적이 많아지기도 한다. 당시에는 그저 이상하게만 생각되었던 여러 행동이 불륜이 드러난 후에야 비로소 명확해지며 퍼즐이 맞춰진다.

다섯째, 외모에 신경 쓰기 시작한다.

평소와 달리 외모를 가꾸기 시작하면서 자신감과 자존감이 향상된다. 스타일이 바뀐다든가, 화장이 진해진다든가, 머리 모양이 바뀐다든가, 향수를 쓴다든가, 다이어트나 운동을 시작한다. 갑작스럽게 속옷을 바꾸거나 피부 관리에 신경 쓰기 시작한다. 누군가에게 잘 보이기 위해 달라진 외적 행동을 보인다.

여섯째, 비자금을 만든다.

결혼을 통해 경제적으로도 결합하게 되는데, 불륜은 경제적 결합의 지속성을 해친다. 불륜 상대를 만나 즐기기 위해서는 돈이 필요하다. 상대가 돈을 쓰는 경우가 아니라면, 경제적으로 여유가 있어야 하므로 비상금이 필요해진다. 직장인은 성과금 같은 수당을 빼돌리거나, 주식 배당금 차액을 이용할 수 있다. 소소하게 공금횡령을 벌이거나 영업용 카드를 이용하는 경우도 있다.

배우자에게 생활비를 적게 주기도 하고, 상대에게 선물을 주기 위해 빚을 지기도 한다. 주변에 결혼하는 사람, 돌아가시는 분이 자꾸 생기면서 경조사비로 비자금을 마련하기도 한다. 반면, 불륜 상대에게 용돈을 받으면서 씀씀이가 달라지기도 한다.

일곱째, 배우자에게 뜻밖의 선물을 한다.

선물이나 돈으로 배우자의 환심을 사면서 자신의 불륜이 결혼에 긍정적인 영향을 준다고 믿으며 합리화한다. 세 사람 모두 행복한 현실이 매우 이상적이라고까지 느낀다. 자신의 불륜을 가벼운 수준이라고 치부하며 불륜이 삶이 활력소이자 스트레스 해소의 창구가 되면서 가정에 충실해지려고도 한다. 양심의 가책에 따라 미안함이 점차 커지면서 갑자기 너그러워지고 잘해주는 모습을 보인다. 때로 지나치게 다정해지거나 상냥해진다.

그러나 모든 선택에는 대가가 따른다. 결혼했다는 것은 배우자만을 사랑하겠다는 독점 계약과 마찬가지인데도, 불륜의 현실에서는 그런 도덕률은 쉽게 배신당하고 만다. 쉽게 흔들리는 인간의 나약한 감정은 아무리 이성이 옳다고 주장해도 감정이 그 충고를 무시하곤 한다. 감정을 주체하지 못하고 결국

지고 만 이성은 자기합리화에 빠진다.

　오직 자신에게만 선택권이 있는 것처럼 부부 사이의 일을 혼자서 결정하고 배우자를 마음대로 이용해서는 안 된다. 배우자를 자신의 싸구려 액세서리쯤으로 취급할 권리는 누구에게도 없다. 쾌락을 선택하기 전, 자신의 선택이 불러올 결과를 냉정하게 떠올려야 한다. 부부의 신뢰를 저버릴 만큼 불륜이 가치 있을 수는 없다. 자신을 합리화하며 양손에 쥔 떡을 놓지 않으려고 고집을 부리는 동안, 돌이킬 수 없는 상황이 다가오고야 만다.

　지금쯤 배우자는 이미 당신이 흘리고 간 단서를 손에 쥔 채 유심히 지켜보고 있을지도 모른다.

3. 소문난 불륜일수록 수습하기 어려운 이유

'돈은 숨기고 병은 소문내라' 는 말이 있다. 병에 대한 정보가 없는 환자 입장에서 누군가 적절한 치료법이나 유명한 병원을 알려주어서 빠르고 쉽게 고칠 수 있다는 이유에서다. 평소 상상조차 하지 않았던 배우자의 불륜을 알고 나면 어떻게 해야 할지 막막해진다. 혼자 잘못된 생각에 갇혀 있기보다 주변 사람들에게 하소연함으로써 비통한 마음을 환기하고, 해결할 열쇠를 찾고 싶기 때문이다.

배우자의 불륜은 혼자서 감당하기에는 충격이 너무 커서 남에게 도움을 청하고 싶어진다. 보통 두 부류로 나눌 수 있다. 첫째는 가까운 친구, 둘째는 형제 및 부모와 같은 가족이다.

첫째, 사실 친구야말로 가장 위험한 조언자다.

불륜을 잡는 데 가장 큰 적은 바로 내 곁의 친구다. 선택된 친구들은 자신의 친구가 가치를 낮추지 않고 수준에 맞는 단호한 선택을 하도록 돕는다. 응징에 대해 논의하며 복수를 꿈꾸면서 우위를 선점할 전략을 짜고 변호사 리스트를 찾아준다. 부당한 처사에 따끔한 본보기를 보이라며 독려하는데, 친구가 남편을 용서할 마음이 있는지는 고려되지 않는다. 자신들 가까이 와 있는 불쾌한 전염병을 물리치듯 몸서리치며 대항하는 것이다. 오히려 친구의 조언으로 에너지가 소모되고 대처법을 알아내기보다는 시간만 허비하게 된다.

더구나 배우자의 불륜이 가십이 되어 떠돌게 되면 그 파괴력이 감당할 수 없을 만큼 커진다. 특히 가까운 친구들이 알수록 사건은 부풀려지고 각색되어 당사자를 더 혼란스럽게 만든다. 그 시간 동안 배우자는 불륜에 더 깊이 빠져 수습할 수 없는 지경에 이른다. 부부 관계는 최악까지 치닫게 된다.

둘째, 두 사람의 결혼으로 연결된 많은 가족이다.

이제 양가의 부모·형제들이 끌려들어올 차례다. 부부는 적이 되어 쟁탈전을 벌이며 상대의 잘못을 부각하기 위해 모든 것을 동원하게 된다. 참가자가 많아질수록 사태는 더 복잡해지고 연루된 많은 관계가 각자의 시선으로 사건을 재해석한다. 두 개인의 싸움이 공동체의 싸움이 되는 과정에서 모든 관계가 상처를 입는다. 부부의 지난날은 폄하되고 현실은 왜곡되며 저의를 의심한다. 불륜자를 믿지 못할 위험인물로 인식하고 자녀들에게서 고립시키려고 시도함으로써 뼈아픈 교훈을 주려고 한다.

깊고 오래 연결된 관계일수록 영향이 더 클 수밖에 없다. 가령, 딸이며 며느리이며 엄마로서의 관계뿐 아니라 각자가 부르던 호칭으로 정의되던 관계들이 흔들린다. 불륜을 저지른 파렴치한의 가족에게 원망의 마음이 섞이게 되고, 그 집안의 부끄러운 내력이 한 묶음이 되어 심판대에 오른다. 그 내력이 불륜의 원인이 되어 죄를 덮어쓰고 집안에 흐르는 저주로 이름 붙여진다.

자식이 불륜자가 된 현실을 담담하게 마주할 수 있는 부모가 몇이나 될까?

은근한 경멸을 바탕에 둔 상처 입은 당신의 하소연을 성숙하게 받아낼 어른이 몇이나 될까?

자식의 실수가 마치 부모의 죄인 것만 같아서 무너지는 자신들의 마음도 다스리기 어렵게 된다. 불륜자의 가족은 잠시 스쳐 지나가는 '바람'으로 보기도 한다. 그리고 더 잘하라며 이 모든 사태의 원인을 '당신 탓'으로 돌려버린다. 너무 일에만 몰두한 것은 아닌지, 자녀에게만 집중한 것은 아닌지, 가정생활이나 잠자리가 소홀했는지 등, 불륜자의 잘못을 애꿎은 당신의 탓으로 돌리면서 그래서 불륜이 발생했다고 가스라이팅한다. 결국, 당신이 잘해주면 바람기가 수습될 것이라면서 불룬을 정당화하기까지 한다.

누구도 진정으로 공감하고 위로해주기 어려운 주제가 바로 불륜 사건이다. 자극적인 에로티시즘이 주제가 되기 때문이다. 이는 당해본 사람만이 그 처참한 마음을 알 수 있다. 배우자가 불륜하면 당장 이혼하겠다고 말하는 건 쉽지만, 막상 자신에게 그 일이 벌어지면 헤어지지 못하는 자신 때문에 스스로가 가장 놀라워한다. 물론, 이별이 답이 될 수도 있다. 모든 것을 리셋하고 새로운 삶으로 나아갈 수 있다면 말이다.

용서를 통해 관계를 개선하고 성숙한 결혼 생활로 나아갈 수도 있다. 생각보다 많은 부부가 그 과정을 겪고 더 견고한 가정으로 성장하기도 한다. 그렇게 선택하지 못한 사람들의 목소리가 높아서 모두 이혼하는 것처럼 보일 뿐이다.

많은 사람이 알게 된 사건을 무마하고 가정을 지켜내려면 훨씬 더 많은 용기와 노력이 필요하다. 초기에 당신이 지혜롭게 대처하기 위해 들이는 노력에 비하면 말이다. 사랑하는 사람들을 이제 그만 내버려두자. 그들도 자신들의 삶을 나름대로 벅차게 살고 있다. 실제로 당신을 도와줄 전문가가 필요한 이유가 바로 여기에 있다.

4. 최후통첩: 이혼만이 마지막 카드일까

'끝내는 게 가장 쉽다'고 생각되겠지만, 지금은 때가 아니다. 당신의 모든 것이 투자된 가정이기 때문이다. 배신한 배우자와 한집에서 살아가는 게 무슨 의미가 있을지 궁금할 것이다. 다른 건 다 참아도 불륜만큼은 참을 수 없다고 생각할 수도 있다. 사랑을 잃어버린 것처럼 느껴지고 버림받은 기분이 들 것이다. '그냥 끝장을 내자', '구질구질하게 살지 말자', '사랑이 없는 결혼은 아무런 가치도 없다'는 둥 고정관념 속에 저장된 신념이 당신을 도발할 것이다.

슬슬 주변의 시선이 가장 부담스러워진다. 괴로운 나머지 여러 사람을 붙잡고 하소연했다면 그들 보기 민망해서도 다시 노력해볼 엄두가 나지 않는다. 초라한 모습을 보인 사람들에게 이혼하고 보란 듯이 잘 사는 모습으로 만회하고 싶어지고, 상처 입은 짐승처럼 고통받던 자신을 지워버리고 새로운 삶으로 보상받고 싶다.

현실을 바라보면 실타래처럼 꼬인 삶을 풀 방법이 보이질 않는다. 반면, 새로운 삶을 생각하면 막연한 설렘이 느껴지면서 새롭게 시작하면 좋아질 것이라는 근거 없는 희망을 품기도 한다.

충분히 반성하는 것 같지 않은 배우자의 태도 때문에 관계를 내다버리고 싶어질 수 있다. 한 사람의 어리석은 선택이 만든 결과를 온 가족이 짊어져야 하는 것은 부당하고 억울하다.

그 어디에도 상처 입은 당신에 대한 배려는 찾아볼 수 없다. 이런 대접을 받으며 자리를 지키고 있는 것이 비굴한 것만 같고 이제까지의 모든 삶이 부정당한 것 같아 어떻게 살아야 할지도 모를 것이다. 당신 때문에 부모님도 깊은 상처를 받았을 것이다. 그래서 상처받은 자신보다 부모님께 죄스러운 마음이 더 클 것이다. 무엇보다도 상처 입은 자녀들 때문에 가장 아프고 화가 날 것이다.

당신은 하루빨리 악몽 같은 상황에서 벗어나고자 하는 강렬한 욕구와 싸우고 있을 것이다. 누구라도 단호하게 끝내라고 명령을 내려주면 좋겠다고 생각할 것이다. 아무도 당신에게 좀 더 참아보라고 말할 수 없다. 수많은 감정에 시달리는 것은 배우자의 불륜을 겪는 사람들의 보편적인 반응이다.

이혼하면 속 시원하고 폭풍 후 고요함이 올 것 같지만, 완벽한 결혼이 없듯 완벽한 이혼도 없다. 경제적인 위험에 처할 수 있으며, 이사를 해야 하고, 학령기 자녀는 전학해야 할지도 모른다. 부모의 이혼으로 가정이 붕괴되면서 자녀를 보호해 주는 울타리가 무너진다. 마치 나비효과처럼 한 사람의 불륜으로 한 명 한 명의 가족 구성원이 이전과는 다른 세상에서 살아야 한다.

헤어지는 것은 언제든 할 수 있다. 당신의 현실에 펼쳐진 일들을 통해서 자신을 성장시킬 기회는 바로 '지금' 뿐이다. 결혼은 누구나 인생 최고의 순간을 위해 투자하며 축복 속에서 시작한다. 결혼에 쏟아부은 시간과 돈, 추억을 떠올려보자. 현실이 아무리 고통스럽다고 해도 최고의 것들이 투자된 결혼의 가치에 비할 순 없다.

잘못은 불륜자가 저질렀는데, 왜 수습은 내 몫이 되는 걸까?
잘못을 저지른 불륜자의 선택에 따라 나와 자녀의 미래가 정해지는 게 맞는 일일까?

이 결혼엔 당신의 삶도 포함되어 있다. 당신의 모든 것이 녹아 있는 삶이다. 배우자의 이기적인 선택으로 그만두고 바꿔야 할 가벼운 삶이 아니다. 당신의 삶을 바로잡기 위해 노력해보지도 않고 도망친다면 결국 남는 것은 후회와 회한뿐이다.
후회 없는 이혼을 위해서라도 당신의 삶을 바로잡는 작업은 필수다. 자신에 대해서 뼈아프게 알 수 있는 계기로 이보다 더 확실한 일은 없다. 관계의 시작과 과정, 결론까지의 자신을 돌아보자.

삶에 고통이 찾아올 땐 꼭 새로운 문을 열 황금 열쇠도 함께 가지고 온다. 그 열쇠는 주어진 현실에서 당신이 모든 과제를 끝내면 찾을 수 있다. 새로운 문이 열리면서 이전에 경험했던 모든 일은 당신을 더 멋진 삶으로 이끌어갈 것이다.

Expert's Advice • 불륜일까, 의심일까?

누군가를 의심한다는 것은 괴로운 일이다. 의심되는 전후를 살펴야 하고 이리저리 꿰맞추어야 하는 일은 많은 에너지를 빼앗아간다. 상대가 배우자일 때는 자칫 의심병 환자로 매도될 각오도 해야 한다. 의심스러운 정황을 발견할 때마다 스스로 재차 확인해보라고 요구한다. 스스로 확신이 없는 의심은 자존감을 갉아먹고 우울한 감정에 빠지게 하는데, 이런 일이 반복되다가 불륜이 수면 위로 떠오르면 차라리 안심이 되어버린다. 적어도 자신이 이유 없이 의심병에나 걸린 환자는 아니었기 때문이다. 이럴 때 실체 없던 의심보다는 확실한 의심이 상대하기 더 쉽다.

의심을 받는 사람들은 한결같이 억울하다는 반응을 보인다. 잘못한 것도 없는데, 무고한 의심을 받는다는 것이다. 자신을 의심하는 상대에 대한 안타까운 마음 따위는 찾아볼 수 없는데, 무엇 때문에 자신을 의심하게 되었는지는 전혀 고려의 대상이 아니기 때문이다. 그저 자신을 불편하게 만드는 상대를 한심하게 생각한다. 불륜한 사람들은 너무도 가혹하게 자신의 배우자를 정신병자로 매도하기까지 한다.

무엇이 평화로워야 할 가정 안에 이런 악순환을 만들어내는 걸까?

일단 관계 안에서 의심의 씨앗이 뿌려지면 무섭게 자라나는 것을 막을 수가 없다. 의심에 사로잡히는 시간이 점점 늘어나고 관계는 더욱 나빠져간다. 의심은 또 다른 의심을 낳으며 순식간에 가정을 불운 속으로 집어삼키고, 가족 모두 달라진 집안 분위기에 영향을 받으며 불안해한다. 그러나 그 의심이 당신의 가정에 끼치는 부정적인 영향력에 대해서도 생각해보아야 한다.

만일, 당신이 의심하는 일이 실제로 벌어진다고 해도 지금 당신의 의심은 문제 해결에 도움이 되지는 않는다. 도리어 사태를 더 악화시킬 뿐, 음흉한 배우자는 의심당하고 추궁당할수록 속임수가 들통나지 않을수록 더욱 기세등등해진다. 의심스러운 배우자를 유심히 관찰하다 보면, 자신의 속임수에 도취되어 진실이 밝혀질 날이 온다.
그렇다면, 의심하던 일이 실제로 벌어졌다면 어떻게 할 것인가?
의연하게 대처할 준비가 되었는가?

아무런 준비도 없이 진실을 파헤치려다 자칫 모든 책임을 떠안게 될수도 있다. 결정적 순간에 쓸 히든카드는 조용히 준비하는 것이 현명하다.

▶ 다음 체크리스트는 간략한 의처증(의부증) 테스트다. 한 항목씩 보면서 Y(예), N(아니오)에 해당하는 항목에 1점씩 점수를 더한다.

	의심병 자가테스트	Y	N
1	과거 배우자의 불륜을 현장에서 목격하여 사과를 받아낸 적이 있다.		
2	현재 배우자의 불륜에 대한 증거를 수집 중이다.		
3	하루 중 대부분의 시간을 배우자에 대한 생각으로 보낸다.		
4	부부 간에 가장 중요한 것은 배우자와의 신뢰를 지키는 것이다.		
5	불륜을 저지르면 반드시 대가를 치러야 한다.		
6	위치를 확인하기 위해 자주 연락한다.		
7	배우자가 바람을 피우고 있다는 사실을 주변에 토로한 적이 있다.		
8	부부끼리는 서로 비밀번호, 사생활을 공유해야 한다.		
9	내 배우자는 현재 불륜 중이다.		
10	배우자의 불륜은 육감만으로도 알아챌 수 있다.		
11	배우자의 휴대폰, 노트북, 블랙박스를 주기적으로 몰래 확인한다.		
12	확실하지 않은 이성 문제로 2주 이상 냉전이었던 적이 있다.		
13	배우자를 미행한 적이 있다.		
14	불륜 단서를 주변 지인에게 상세하게 하소연한다.		
15	배우자에게 의심해서 미안하다고 사과를 한 적이 있다.		

※ 질문에 Y(예)라고 체크한 것을 세어본다.

1~3점: 의심한 적이 있지만, 아직 의심증이 아니다.

4~6점: 일반 의심으로 의심에 필요한 불륜의 증거가 필요하다.

7~10점: 의심증 초기 단계. 정확한 증거가 없는 의심은 부부 간 스트레스를 주는 원인이 된다.

10점 이상: 의처증(의부증) 상태로 불륜의 증거가 반드시 필요하지 않다. 심리적으로 이미 배우자가 불륜을 저지르고 있다고 믿는 상태다. 정확한 원인을 찾아 치료받을 필요가 있다.

2장

금사(금지된 사랑)에 빠진 이유

1. 가장 매혹적인 이는 바로 새로운 '나'

"많은 경우 바람피우는 사람이 가장 매료되는 타자는
새로운 애인이 아니라 새로운 자신이다."
- 옥타비오 파스

놀랍게도 불륜은 새로운 자신을 만나게 되기 때문에 깊숙이
빠져든다. 상처 입은 배우자가 생각하는 '매혹적인 간통 상대'
때문이 아니다. 사랑에 빠져 이전에는 알지 못했던 색다르고
빛나는 자신에게 깊이 매료되고 만다. "중요한 건 그 사람이
아니야!" 라며 불륜자가 외치는 이유이기도 하다. 드라마 주인
공이 되어 매일 '멋지다', '예쁘다' 는 찬사를 들으며 자신을 가
꾸며 빛나고자 한다. 그 사람을 사랑하는 게 아니라, 그 사람을
사랑하는 자신을 사랑한다. 그 사람이 아닌 다른 누구였어도
마찬가지로 새로운 상대와 새로운 패턴으로 상호 작용하며 자
신을 새로운 존재로 느낀다. 자신이 동경하던 그런 사람으로.

묵묵히 주어진 일상에 충실한 사람이 빠지기 쉬운 유혹이다.
수동적인 삶을 사는 사람들은 가장 익숙한 삶의 일상에서 견
딜 수 없는 갑갑함을 느낀다. 주어진 삶을 크게 거역하지 않고

살아내는 게 익숙하기는 해도 즐겁지는 않다. 특별히 자신의 의견을 관철하려 하지 않고 부당함에 맞서지 않으며 대체로 수용적이다. 욕구를 위해 투쟁하기보다는 참는 게 더 쉬울 수도 있는데, 문제는 주위 사람들이 고마움 없이 당연하게 받아들인다는 점이다. 원래 그런 사람으로 말이다.

M은 제법 성공한 자영업자로 상가 내에서 성실하기로 정평이 나 있다. 무던하고 점잖은 인품까지 더해 호인이라는 소리를 듣는다. 덕분에 사업장엔 항상 이런저런 인연들이 드나들었다. 가정도 안정적으로 잘 꾸려가고 있고 남부러운 것 없는 호시절이었다. M의 사업장에서 지인의 동호회 모임을 하던 어느 날, 후한 서비스로 주최자의 체면을 세워주느라 자칫 손해를 볼 지경이었다. 여기저기서 M을 향한 감사의 말이 오갔고 술잔이 권해졌다. 애교를 가득 담은 웃음 띤 얼굴이 M을 빤히 바라보며 술잔을 권했다.

그런 자리가 처음도 아니었는데 그날은 달랐다. 자신을 바라보는 촉촉한 눈빛에 두근거렸고, 늘 정중히 사양하던 술이 그날따라 달아서 연거푸 비워졌다. 호기로운 서비스로 분위기는 한껏 달아올랐다. 그렇게 시작된 인연은 잔잔한 M의 일상을 뒤바꿔놓고야 말았다. 그녀의 권유로 골프에 입문하자 그 성실함을 맘껏 발휘하며 실력이 빠르게 늘었다. 모든 일상이 골프를 중심으로 돌아가면서 새로운 지인들도 급속도로 늘어갔다. 사업장은 늘 특별대접을 기대하는 사람들로 북적였다.

M의 아내는 남편이 빠르게 변하는 모습을 보면서 뭔가 심상치 않음을 느꼈다. 늘 성실하고 차분하던 사람이 뭔가에 홀린 사람 같았다. 뒤늦게 배운 골프에 빠져 정신이 없는 것으로 생각했다. 그간 일만 하며 살아온 남편이 취미생활을 하는 것에 찬성이었다. 그러나 이렇게 물불 안 가리고 빠져들 것이라고는 예상하지 못했다. 사업장도 거의 비워두고 연락이 잘 되지도 않았을 뿐더러 가족과 보내는 시간은 점점 더 줄어들었다. 골프 여행이 해외로까지 확대되자 더는 참을 수가 없게되었다. 평온하던 가정에 불안이 드리울 즈음 남편이 불륜 중이라는 것을 알게 되었다.

배우자의 불륜은 동조자가 있다는 점 때문에 당하는 쪽의 위기감을 고조시킨다. 2대 1의 상황이 공평할 리 없다. 이런 불륜의 경우 상처 입은 배우자가 생각하는 것만큼 불륜 상대의 영향력은 크지 않다. 그 사람이 아니었다고 해도 언젠가는 일어날 일이었다. 단지 우연을 동반한 여러 조건이 맞아서 그 사람이 상대자가 된 것뿐이다.

M은 평생을 성실히 살아오다 사춘기와 같은 혼란을 겪은 경우다. 성실한 삶이 안정성으로 보상받자 다가온 유혹에 과감

해진 것이다. 먹고살기 위해 애쓰며 노력했던 지난날의 보상이라고 생각되었다. 매력적인 미소를 가진 그녀의 눈빛이 잠자던 욕망을 깨웠을 뿐이다.

M의 불륜은 아내가 남편을 이해하기 위해 노력과 시간을 들이면서 빠르게 정리되었다. 부부는 회복을 위해 한마음으로 노력하였고 관계를 재정비했다. 남편의 깊은 반성과 사죄가 있었음은 두말할 필요도 없다.

이와는 다르게 결혼에 불만을 품고 있던 사람이 유혹에 빠지면 쉽게 돌이키지 못한다. 불만을 누르며 견디던 삶이 새로운 가능성으로 인해 환멸감을 느끼게 되기 때문이다. 이런 경우 배우자와 함께 결혼 생활을 바꾸는 노력이 필요하다. 가정의 분위기와 부부 간 대화의 패턴을 바꾸지 못하면 당장은 돌아온 것 같아도 정착하지 못한다. 결핍으로 인한 불륜의 강렬함은 더 이상 불만족을 견디기 어려울 때 탈출구가 되었던 경험이 되기 때문이다.

2. 삶에 대한 동경

"사랑처럼 엄청난 희망과 기대 속에서 시작되었다가
반드시 실패로 끝나고 마는 것은 찾아보기 어려울 것이다."
- 에리히 프롬

저명한 사회학자인 지그문트 바우만은 현대인의 삶에는 '의심' 이 있다고 말한다. "더 행복해질 기회를 놓치고 있는 게 아닌가?" 하는 의심 말이다. 현재의 모호한 삶은 살아보지 못한 삶에 대한 동경을 부추기곤 한다. '행복을 찾아 떠나라' 고 외치는 시대에서 너 행복하기 위해 금사금지된 사랑에 빠진다고도 한다.

금사 커뮤니티가 온라인에서 성행하고 있다. 불륜에 관련된 사람이 모이는 커뮤니티에서 불륜할 대상자를 찾기도 하고, 이혼 소송과 같은 법률적 조언까지 다양한 정보를 공유한다.

결혼은 당사자들의 기대 측면에 있어서 그 어느 시대보다 더 무거운 짐을 지고 있다. 과거의 결혼은 공생의 원칙을 중심으로 기능적으로 유지되었다. 낭만과 사랑과 에로티시즘은 시대의 변화에 따른 부산물이다. 지금은 모두가 당연시하지만, 결혼에 필수적 요소가 된 것은 그리 오래되지 않았다.

가치관의 변화에 따른 결혼에 대한 기대는 더 이상 생존만의 영역이 아니다. 공생의 협력은 물론이고 낭만적 사랑과 숭고한 헌신, 친밀한 우정까지 갖추어야 한다. 마르틴 루터는 "훌륭한 결혼보다 더 사랑스럽고 친근하며 매력적인 관계, 친교, 교제는 없다"라고 말하며 이상적인 인간관계의 정수는 결혼에 있다고 말했다.

- 당신은 결혼을 통해 충족받고 싶은 욕구만큼 상대를 충족해주는가?
- 당신이 받고 싶은 의무만큼 상대에게 헌신하는가?
- 상대의 욕구가 채워지기를 바라는가?
- 상대가 무엇을 원하는지 묻고 있는가?
- 당신이 주는 것에 만족하는지 묻고, 기대에 따라 기꺼이 바꾸어줄 수
  있는가?

이런 물음은 종종 자신의 결핍에 가려 뒷전이 되곤 한다. 자신을 먼저 채워주어야 기꺼이 상대도 채워주겠다는 것이다. '잘해주려 했지만, 상대가 먼저 잘해주지 않아서 자신도 잘해줄 수 없었다'는 말을 아무렇지도 않게 한다.

결혼에 대한 환상을 가졌던 것에 대한 반성은 찾아보기 어렵다. 반면, 그 환상이 깨진 것에 대해서는 분노한다. '그 기대를 어떻게 갖게 되었느냐'고 물으면 몹시 당황해한다. 실은 그런 기대가 있었다는 것도 모르는 게 대다수다. 자신이 무엇을 원

하는지 생각하고 말고가 아니고 그냥 그렇다는 것이다. 결혼이 온통 알록달록한 판타지가 되는 것도 당연한 일이다.

　각자의 취향대로 각색된 결혼에 관한 판타지는 결국 결혼 생활을 어렵게 한다. 판타지가 깨져버린 실망으로 괴로워하다 급기야는 선을 넘어 버린다. 마치 약속이나 한 듯이 불륜자들은 실망스러운 결혼에 대해 끝도 없이 불평한다. 배우자의 자격 없음과 자신의 안타까운 처지를 슬프게 이야기한다. 당연히 누려야 할 자기 몫의 행복을 도둑질당한 듯 애통해하며 결혼을 후회한다. 어쩔 수 없이 불륜에 빠지게 된 사연이 이해받기를 원한다. 물론 이해한다, 그들의 아픔과 수치심과 억울함과 절망을.

　사랑받지 못해서 결국 일탈하게 되있다는 사람에게 묻고 싶다. 배신을 절대로 용서할 수 없어 괴로워하며 불행한 삶을 사는 사람에게도 묻고 싶다.

　"사랑하기 때문에 결혼했는데, 그 사랑은 어디에 있나요?"
　"사랑하는데 왜 배신했고, 사랑하는데 왜 용서할 수는 없나요?"

　그 물음에 대한 답을 찾으면 결혼 생활의 문제도 찾아낼 수 있다. 문제를 찾아내면 해결책도 찾아진다. 결혼 생활의 문제는 사랑만으로 풀 수 없다. 서로의 기대에 미치지 못했던 부분들을 함께 찾아서 보수하고 향상해야 유지된다. 기능적 부분을 무시하고 관념 속의 사랑 타령만 하면 답은 없다. 지극히 타산적인 관계로 부부 관계를 본다면 의외로 쉽게 답을 찾을 수 있다.

다행스럽게도 자신이 처한 상황을 객관적으로 볼 결심을 하는 사람들이 있다. 엉망이 된 것 같은 상황이지만, 바꿀 수 있을지 조심스럽게 답을 찾는다. 실수를 변명하고 싶겠지만, 옳은 방법이 아니었음을 받아들여야 한다. 비현실적으로 걸었던 기대로 인해 결혼 생활이 힘들었다는 것도 알아야 한다. 기대하기 전에 자신은 어떤 역할을 해야 하는지도 알아야 하고, 어디서부터 잘못된 것인지 자세히 살피며 보수해야 한다.

이제야말로 결혼에 대해 배워야 할 때가 온 것이다. 그나저나 결혼에 대한 교육은 왜 없는 것일까? 직장을 얻기 위해서나 자동차 운전을 위해서는 열심히 공부하지만, 결혼을 위한 공부는 없다. 믿을 수 없는 일이다.

3. 잃어버린 자존감을 찾아서

불륜은 종종 불행한 결혼 때문에 추락했던 자존심을 회복시
킨다. 불행은 독점적 관계인 부부가 서로를 더 이상 소중하게
대하지 않는 데서 시작한다. 독점적 이성이 자신을 홀대한다
고 느끼면서 제외되었던 후보들이 떠오른다. 기대에 부응하지
못하는 배우자에게 실망하고 쉽게 분노로 이어진다. 친밀감이
사라진 부부 관계는 위태로운 관계를 미묘하게 지속한다. 자
신을 구원해줄 누군가가 나타날 때까지.

행복한 결혼 생활을 하는 아내가 불륜하기는 어렵다. 결혼에
투자한 것이 많고, 가정을 잘 꾸리는 것에 높은 가치를 두기 때
문이다. 결혼이 불행해질 때야 외로움에 지쳐 불륜에 빠지기
쉽다. 불륜 아내의 한결같은 호소는 남편과 친밀한 대화를 나
눌 수 없었다는 것이다. 아내가 친밀감 쌓기를 원할 때 남편으
로부터 거부당하기 일쑤였다. 이러한 경험은 감정적 거리감과

무시당하는 기분이 들게 한다. 무시당하는 기분은 사람을 외롭게 만든다. 외로움은 우울감으로 연결되고 무기력한 일상으로 이어진다. 수동적이고 예민한 상태의 아내가 유혹받게 되면 절박한 심정이 되어 불륜에 빠지게 된다.

정서적 취약성을 가진 아내일수록 무심한 남편으로 인해 감정적 학대를 경험한다. 심할 경우 카산드라 증후군을 겪기도 한다. 자신의 감정이 수용받지 못해 우울하고 무기력해지며 대인관계가 어려워진다. 감정적 교류가 절실한 아내는 불행한 결혼으로 결핍이 더 심해지는 악순환에 빠진다. 결혼을 유지하기 위해 인내하느라 서서히 시들어가는데, 무기력한 모습이 순종적인 모습으로 오인되어 사냥감이 되기 쉬워진다.

육체적 욕구나 쾌락 때문이라고 생각하는 남편의 생각과는 달리, 아내는 정서적 욕구로 인해 불륜에 빠진다. 남성이 쾌락을 위해 유흥업소에 가면서 불륜에 쉽게 취약해지는 것에 반해, 여성은 한 상대와 오래도록 애착을 유지하고 거기에서 빠져나오기는 남성보다 더 어려운 편이다. 남편의 무관심과 무례한 태도에 상처받던 아내의 불륜이 더 격정적이고 보복적인 경향을 보이는 이유다.

"내게 금사는 나를 찾는 과정에 있는 정류장 같은 거예요."
"예쁘게 꾸미고 거울을 보니 내 모습에 설레며 엔도르핀이 돌아요."

"오래전 잃어버린 나를 다시 찾은 느낌이에요."

"예쁘다는 말을 들으니 행복해요."

이들은 자신의 불륜에 대해 크게 죄책감을 느끼지 않는다. 대신 달콤한 현실에 대비되는 결혼 생활에 강렬한 분노를 느낀다. 그녀들은 불륜 상대에게서 받는 사랑으로 인해 꽃을 피운다. 열정적인 애정 표현과 사랑스러운 반응으로 그간 무시되어온 자신의 여성성에 보상받는다. 초라한 자신을 구원해준 불륜 상대에게 멋진 애인이 되기 위해 노력한다. 그녀들의 불륜은 사랑받지 못했던 시간에 대한 잔인한 복수가 된다.

불행한 결혼은 남편에게도 불륜의 문을 활짝 열게 만든다. 친밀감이 없는 부부 관계는 잠자리의 기회를 빼앗는다. 감정적 배고픔에 빠진 아내가 노동이나 마찬가지인 잠자리에 적극적일 리가 없다. 굳게 닫혀 있는 아내의 문을 열기 위해 애정 어린 기술이 필요하지만, 남편은 알지 못한다. 늘 열려 있어야할 아내의 문이 닫혀 있는 것에 화가 날 뿐이다. 아내의 반복적인 성적인 거절은 남편의 남성성으로 하여금 분노를 일으키게하고, 아내의 푸대접은 남편의 자존감에 치명상을 입힌다.

남편은 자신의 의무를 다하지 않는 아내를 원망하며 성욕을 해소하기 위해 다른 방법을 찾아나선다. 가정을 위한 자신의 헌신이 제대로 대접받지 못하는 이유는 이기적인 아내 탓으로 돌린다.

때론 사회적 실패로 고통받을 때 불륜을 통해 자신감을 회복한다. 자기 성적 성취가 사회적 성공으로 이어질 수 있을 것으로 기대하기 때문이다. 남성성이 건재함을 스스로 증명함으로써 실패를 상쇄하고 싶어 한다.

불륜을 통해 새로운 활력을 얻고 자신감을 회복하는 것은 놀라운 일이 아니다. 부부란 유일한 이성으로 허용된 속박 관계다. 그 유일한 이성이 자신을 홀대하는 일은 존재감에 큰 상처를 남긴다. 이성으로서의 가치가 그 한 사람에 의해 결정되기 때문이다. 서로에게 가장 소중하고 특별하기를 원하는 기대가 좌절될 때 불륜이 대안이 되고 만다. 이들의 불륜은 상대에 대한 분노에 휩싸여 저질러진다.

자신의 가치를 좀먹는 결혼 생활에 환멸을 느끼면서, 당신의 부부 관계는 안녕한가? 서로의 자존감을 해치고 있지는 않은가?

상대의 자존감이 세워지면 당신의 자존감도 보호될 것이다. 서로의 자존감을 세워주는 지혜와 대화법이 필요한 이유다.

4. 누군가의 욕망 어린 시선을 받는 존재가 된다는 것

"곤경에 빠지는 것은 뭔가를 몰라서가 아니다.
뭔가를 확실히 안다는 착각 때문이다."
- 마크 트웨인

금지된 관계 속에서 상대의 애정 어린 눈빛은 자아도취에 빠지게 한다. 누군가로부터 욕망의 시선을 받는 건 황홀한 경험이다. 상대의 눈이 빛나며 자신을 향해 드러내는 갈증을 보면 지루하던 일상에 활력이 넘치고 자신감이 샘솟는다. 상대의 눈에 비친 자신은 더 이상 예전의 그 사람이 아니다. 중요한 사람으로 존중받고 소중히 여겨지면서 사랑받으니 특별한 사람처럼 느껴진다. 일상에 찌든 초라한 모습은 감추고 연출된 이미지로 사랑받아 마땅한 역할을 수행한다. 별 볼 일 없던 자신이 날개를 달고 날아오르는 듯 황홀경에 빠져든다. 이 꿈에서 절대 깨어나고 싶지 않다.

D는 결혼 25년 차의 가정주부로 연년생 딸 둘을 예쁘게 키우면서 평범한 삶을 살고 있었다. 별 재미는 없지만 무던한 남편과도 그럭저럭 괜찮은 편이었다. 둘째마저 대학에 진학시

키자 갑자기 많아진 시간이 당황스러웠다. 그동안 살림에 아이들 뒷바라지에 종종거리며 사느라 마땅한 취미 하나 없던 차였다. 백세시대를 살려면 뭔가를 준비해야 할 것 같았다. 알뜰히 모아놓은 자산을 키우기 위해 부동산 공부를 시작했다. 25년 만에 D의 사회생활이 시작되었다.

열심히 공부했지만, 손에 잡히는 게 없었다. 열의만 가지고는 어려운 현실이었다. 그러던 차에 그룹에 합류해 고급정보도 받고 투자 공부도 함께 하자는 권유를 받으면서 인연이 시작되었다. 여윳돈을 불리고 싶어하는 또래 사람들의 모임이었는데, 나름 전문가도 모시고 실속 정보를 공유하기도 했다. 조심스러웠던 첫 투자가 기대 이상의 성과를 내자 자신감이 생기면서 늘 주저하던 씀씀이도 시원스러워졌다. 자신감이 생기자 사람들과의 교류도 잦아졌다. '사람 만나는 게 돈 버는 것' 이라는 큰소리로 남편의 볼멘소리를 물리치기도 했다.

투자에 재미가 붙었고, 사람들과 어울려 임장을 다니는 것도 즐거웠다. 돈도 벌며 여행도 다니고 좋은 음식으로 몸보신도 하는 활기찬 삶이 만족스러웠다. 이제껏 알지 못하던 새로운 세상에서 D의 새로운 삶이 펼쳐지고 있었다. 밝은 성격의 D는 인기가 많았다. 모임 뒤풀이에선 노골적인 눈짓이 오가기도 했지만, 적정 선을 지켰다. 가정에 위협이 될 상황은 지혜롭게 피하며 실속있게 모임을 이어갔다.

그러던 중 T가 새로운 멤버로 신고식을 치르게 되었다. T는 매너 좋은 호남형으로 사람 좋은 웃음으로 무장해제를 시키는 재주가 있었다. 모임의 여자들이 모두 그에게 호감을 느꼈고, D도 은근히 마음이 쓰이는 중이었다. 워낙 매너 있게 처신하니 경계를 풀었던 것일까? 머지않아 두 사람은 비밀을 공유하는 사이가 되었다. D는 자신을 바라보는 T의 눈길에 중독되었다. 자신을 열망하는 그 눈빛은 정신을 차릴 수 없도록 매혹적이었고, 금기를 어기는 짜릿함은 황홀감을 부추겼다. 그러나 그 황홀감을 느끼는 여자가 자기 한 사람만이 아니었다는 것을 알게 되었다. 돈과 여자 관계가 얽힌 추문이 돌고 돌면서 모임은 막장이 되었다. D도 결국 돈과 체면을 잃고 나서야 뭐에 홀린 듯 얽히고 만 자신의 실수를 깨닫고 아연실색하고 말았다.

자신의 실수를 뼈아프게 반성하는 D에게 어떻게 그런 관계가 되었는지를 물었다. 인기가 많은 사람이 자신에게만 더 특별하게 대하는 것이 감격스러웠다고 한다. 자신을 매력 넘치는 처녀처럼 느끼게 했다는 것이다. D는 부족한 것 없는 사람이었지만 마음에 공허함이 있었다. 25년의 결혼 생활은 보람 있었지만 젊음을 바친 대가였다. 자녀들이 떠난 허전한 마음에 숨어 있던 20대 감성이 소환되어 황홀경에 취하게 된 것이다. 결핍이 아니더라도 불륜은 자아도취된 마음에 둥지를 트는데, 누구도 예외일 수 없다. 배우자 외의 누군가가 당신을 성적으로 고양시키고 있다면 조심해야 한다. 숨은 의도가 있을 확률이 매우 높기 때문이다.

5. 불륜에 유독 취약한 애착 유형

"다이아몬드를 찾는 사람이
진흙과 수렁에서 분투해야 하는 이유는
이미 다듬어진 돌 속에서는 찾을 수 없기 때문이다.
다이아몬드는 만들어지는 것이다."
- 헨리 B. 윌슨

심리적으로 불안정한 사람은 부부 사이의 애착 형성에 어려움을 겪는다. 불안한 애착은 유혹으로부터 배우자를 지키기 어렵다. 애착이란 옥시토신 호르몬에 의해 조절되는 생물학적 구조를 일컫는다. 이 시스템을 통해 가족을 형성하고 지키며 삶을 이어간다. 옥시토신 분비가 잘 되는 사람은 다른 사람과 좋은 관계를 맺고 유지도 잘한다. 동물들의 새끼 사랑도 옥시토신 호르몬의 역할이다. 이 강력한 호르몬이 배고픈 어미의 위로 들어갔던 음식물을 새끼들 앞에서 토해내게 만든다. 애착의 놀라운 힘이다.

특히, 생후 1년간 부모와 주고받았던 교류 과정에 따라 애착은 다양한 형태로 형성된다. 제대로 보살핌을 받지 못한 아이는 성인이 돼서도 자존감이 낮거나 사랑을 갈구하는 애정 결핍에 걸리거나 다양한 정서적, 지적, 사회적 지체를 경험한다. 애착 유형은 총 4가지로 안정형, 회피형, 불안형, 불안회피형 이 있다. 특히, 어릴 때 부모가 감싸주지 않았던 불안형의 경우 불륜에 가장 취약했다.

어머니에게 충분한 보살핌을 받고 자란 사람은 옥시토신 분비가 잘되기 마련이다. 안정된 정서를 가진 어머니는 아기가 안정적으로 자라도록 훌륭한 토양이 된다. 옥시토신은 아기가 불안과 스트레스를 잘 처리하게 돕기도 하고 인지 능력을 높이기도 한다. 타인의 감정을 살피고 공감하며 유대감을 쌓는 능력이 탁월해진다. 자연스럽게 친밀감 형성을 잘하는 사람으로 성장하여 안정형 애착을 가진 건강한 어른으로 자라난다.

Q는 결혼 7년 차 직장맘으로 유치원에 다니는 5세 아들과 무뚝뚝한 남편이 있다. 성실하고 가족을 사랑하던 Q는 극도의 스트레스 상태에서 상담을 요청했다. 얼마 전 집으로 온 우편물이 잔잔하던 가정을 산산이 흔들어 놓았기 때문이다. 우편물은 Q의 불륜 배우자가 보낸 소장이었다. 같은 직장의 동료와 2년 가깝게 불륜 중이었던 Q에게 대가를 치를 날이 온 것이다. 크게 상처받은 남편은 Q에게 이유를 물었지만, 자포자기 상태의 Q는 묵묵부답이었다.
남편은 애교 많고 싹싹하여 인기가 많은 Q를 깊이 사랑했다.

구애 끝에 연인이 되었고, 자연스럽게 결혼까지 이어졌다. 몇 번의 연애 경험이 없었던 건 아니지만 진심으로 마음을 나눈 건 아내가 처음이었다. 두 사람 다 집안 환경이 썩 좋지 않은 공통점도 있었고 Q의 적극적인 애정 공세가 싫지 않았다. 곰 살맞지 못한 자신을 좋아해주는 Q가 고마웠지만 늘 표현은 서툴렀다. 결혼 후 가끔 부부싸움도 있었지만 큰 문제라고 생각하지 않았다. 누구나 그 정도 갈등은 있는 게 결혼이라고 생각했다. Q의 불륜을 알기 전까지는 단란한 결혼 생활을 하고 있다고 생각했다.

불행하게도 Q의 사정은 달랐다. Q는 결혼 생활이 건조하고 만족스럽지 못했다. 불화가 끊이지 않던 가정에서 자란 Q는 아버지와는 다르게 듬직한 남편이 마음에 들었다. 가정에 무책임했던 아버지로 인해 어머니는 많은 고생을 하셨다. 삼남매를 혼자 키우다시피 하시느라 어머니의 웃는 모습을 본 적이 없었다. 장녀인 그녀는 절대로 아버지 같은 남자와는 결혼하지 않겠다고 다짐했다. 자신은 따뜻한 가정을 꾸려서 꼭 행복한 결혼 생활을 하고 싶었다.

사랑스러운 Q의 주변에는 늘 남자가 많았지만, 가장 믿음직한 남편을 선택해서 결혼했다. 어머니의 결혼과는 달라야 했기에 선택한 사람이었다.

문제는 신혼 때부터 시작되었다. Q는 남편과 알콩달콩하게 결혼 생활을 꾸리고 싶었다. 다정한 부부가 그녀의 로망이었지만, 남편은 애정 표현에 인색했다. 특히, 남들이 있을 땐 부부가 맞나 싶을 정도로 내외했다. 연애 시절엔 그 정도는 아니었는데 어찌 된 일인지 결혼 후에는 냉정하게 느껴질 정도였다. 그 때문에 몇 번이나 다툼이 있었지만, 남편의 태도는 변함이 없었다.

시댁에 가면 일하는 사람 불러다 놓은 것처럼 돌아올 때까지 말 한마디 건네지 않았다. 시댁 분위기가 그런 줄은 알았지만, 자신이 그런 대접을 받을 줄은 생각하지 못했다. 자신이 결혼을 잘못했다는 걸 뼈저리게 느꼈고, 시간이 지날수록 절망감이 깊어졌다.

어느 날, 친정어머니께 불행한 자신의 결혼 생활을 털어놓았다. 그러나 어머니는 '그만한 사람 없다' 는 예상 외의 반응을 보였다. 사랑이 밥 먹여주는 것도 아닌데 허튼짓 안 하고 성실한 사람이 최고라고 했다. 괜한 생각하지 말고 얼른 기반 잡고 편히 살라고 했다. 어머니의 말이 구구절절 옳은 말씀이라 Q도 마음을 다잡으려 애썼다. 단 한 푼도 허투루 쓰지 않는 알뜰하고 바른생활을 하는 남편이었다. 늘 집안 돈을 가져다 없애버리던 아버지와 비교하면 얼마나 좋은 사람인가를 생각하려 애썼다. 그러나 마음 한쪽의 허전함은 도무지 채워지지 않았다. 교감이 되지 않는 남편과 살아야 할 앞날이 절망스럽게 느껴졌다.

그러던 차에 임신하였고, 기쁘지만은 않은 임신기간을 지나며 마음을 다잡았다. 아이만은 자신과 다른 환경에서 자라게 하겠다고, 그깟 사랑이 대순가, 그래도 사랑해서 결혼했을 거라며 마음을 다독였다. 이렇게 사는 것이 인생이겠거니 했다. 출산 후 육아와 직장생활을 병행하느라 시간이 쏜살같이 지나갔다. 남편에게 더는 기대하지 않기에 불화할 일도 없었다. 출산과 함께 가정의 평화를 최우선으로 하겠다는 계획이 잘 지켜졌다. 아이가 평화롭고 건강하게 잘 자라나는 것으로 충분하다고 애써 생각했다.

직장동료인 K는 다정다감한 사람이었다. 서로 업무가 겹칠 일이 없는 부서에서 근무하는데도 마주칠 때마다 함박웃음으로 인사를 건넸다. 몇 번의 사소한 우연이 겹쳐 친근한 인사를 나누게 되자 자연스럽게 식사 자리로 이어졌다.
처음엔 둘만의 자리가 아니었지만, 어느덧 둘만의 만남이 시작되었다. K는 어느 친구보다도 대화가 잘 통했다. K와 함께 시간을 보내면서 마음속에 묻어두었던 이야기들이 꺼내지면서 위로받았고, 그녀의 감정이 풍성하게 채워지곤 했다.
그렇게 시간이 흐르다 결국 두려워하던 일이 벌어졌다. Q는 자신이 그토록 혐오하던 아버지와 다를 바 없는 잘못을 범했다는 사실에 절망했다. 돌이킬 수 없는 자신의 잘못을 남편은 용서하지 않을 터였고, 용서를 빌 용기도 나지 않았다. K는 회사에 남기를 원했고 그녀는 퇴사할 수밖에 없었다. 할 수만 있다면 먼지처럼 사라지고 싶었다. 괴로워하는 남편과 천진난만한 아들을 대하는 것이 견딜 수 없이 고통스러웠다. Q는 감당할 수 없는 현실에서 벗어나고자 이혼을 원했다. 무엇이든 남편의 요구를 수용하겠다고 했다. 용서조차 빌지 않는 Q 때문에 남편은 더 깊은 상처를 받았다.

그러나 무뚝뚝하고 다소 애정표현에 서툴렀지만, Q를 진심으로 사랑하는 남편의 마음이 진솔하게 전달되었고 결핍으로 허기지던 Q의 감정이 남편에게 수용되었다. 서로의 마음을 다시 전하기 위한 노력이 시작되고 조심스럽게 연결되었다. 남편의 진심과 아내의 진심은 서로를 놀라게 하고 슬프게도 했다. 남편에게 사랑받는다는 의미가 투정이 아닌 절실함이었음에 공감되었다. 상대가 원하는 사랑을 주기 위해서 노력해야 한다는 것을 받아들였다.

Q는 남편의 전해지지 못한 사랑도 진실한 사랑이었음을 통감했다. 자신 또한 남편의 깊은 마음을 담아낼 준비가 부족했다는 것도 알게 되었다. 가정을 지키기 위해 그들은 성숙해지기로 약속했다. 서로를 제대로 사랑하기로.

불행하게도 안정적이지 못한 가정환경에서 자라난 사람들은 불안형이라는 애착 유형이 된다. 늘 부족한 사랑에 목말라 하던 아기는 타인과 일정한 거리를 두는 어른으로 성장한다. 이들에게 친밀감이란 불안을 유발하는 요인이 될 뿐이다. 늘 일정한 거리 이상 곁을 주지 않는 것으로 자신을 보호한다. 타인의 감정에 공감하기 어려워하고 누군가 다가오면 달아나기 바쁜 회피형이다. 외로움을 느끼지만, 표면적인 관계를 넘어 가까워지는 것은 원하지 않는다. 결국 자신의 배우자도 외로움에 사무치게 만들고 만다.

회피형과는 반대로 불안형은 끈끈한 관계를 갈망한다. 이들의 어린 시절은 안정적인 사랑을 받지 못해 슬프고 불안했다. 사랑받을 때도 있고 받지 못할 때도 있어서 불안 속에서 사랑에 집착한다.

회피형이 아예 사랑받을 소망을 차단해버리는 쪽이라면, 불안형은 더욱 갈망하는 쪽으로 이들의 최대의 관심은 사랑받는 것이다. 사랑받지 못한다고 느끼면 극단적인 감정에 빠져 고통스러워한다. 변덕스럽고 스트레스에 약하며 외로움을 참지 못해 배우자를 탈진시킨다.

안정형은 대체로 안정형의 사람들과 짝을 맺는다. 사전지식이 없이도 본능적으로 건강한 사람에게 끌리는 구조를 획득하고 있다. 그들의 결혼은 비록 시행착오를 겪는다 해도 조율되고 보수되어 성장해나간다.

큰 기대와는 달리 어려움을 겪는 불안형은 자석처럼 서로를 끌어당겨 어려운 결혼을 한다. 더구나 회피형과 불안형 커플은 마치 전쟁과 같은 결혼 생활을 한다. 한쪽은 갈망하고 한쪽은 도망치며 서로를 증오한다.

불행한 결혼은 정서적 취약성을 높여 일상적 문제조차 이겨내기 힘들게 한다. 보수가 어려운 건 당연한 일이다. 보수되지 않은 관계는 유혹에 취약해진다. 결혼이 자신의 결핍을 채워주기를 희망했을 것이다. 그러나 자신 못지않게 결핍된 배우자를 선택한 결혼은 힘에 겨웠을 것이다. 서로의 결핍으로 인해 간절한 소망은 절망이 되었다.

뜨겁게 달아오르는 사랑이 식고 난 후에야 비로소 진짜 사랑이 시작된다. 열정이 식어가면서 상대의 매력은 점차 반감되는데, 조금씩 신뢰를 쌓으며 건설적인 관계를 만들어 나가는 것이 사랑을 유지하는 비결이다.

불륜으로 더욱 힘들어졌다면 부부의 평소 대화방식과 애정표현을 분석해봐야 한다. 관계 속에서 서로가 맡은 역할이 무

엇인지 알아보자. 애착에 문제가 있다면 그에 맞는 조율법을
배우면 된다. 이 결혼은 구제 불능이라며 포기해버리지만 않
는다면 개선할 수 있다. 얼마든지.

6. 둘 중 하나는 있다는 바람기 유전자

"사랑은 상대방 때문에 지탱되는 게 아니라,
나만의 상상력으로 계속 지탱된다."
- 마르셀 프루스트

불륜이라고 발각되면 주변에서 맹비난을 퍼붓고, 사회적 지위는 물론이고 가정까지 위기에 처한다. 한순간에 모든 걸 잃을 수 있다는 위험이 있다는 걸 알면서도 불륜은 꼬리에 꼬리를 물고 사라지지 않는다. 앞으로도 인류 사회에서 불륜은 사라지는 않을 것이다. 인류에게는 불륜을 관장하는 유전자가 있기 때문이다.

인간이 가진 유전자 중 단 1개의 염기 배열만 달라져도 일부일처를 추구하는 정숙형에서 불륜형으로 바뀐다. 그렇다고 자신의 불륜을 조상 탓으로 돌릴 순 없다. 유전자로 결정되는 부분이 크다는 사실만큼 본인의 의지나 노력도 중요하기 때문이다.

불륜을 쉽게 저지르는 불륜형 성격의 사람들은 타인의 관심을 끌기 좋아하고 인정 욕구가 크다는 특징이 있다. 이성과 말을 잘하고 관계에 경계가 없이 우유부단하다. 진실하지 않고 임기응변에 능하며 허세가 심하고, 비밀이 많으며 이기적이다. 배우자를 속이는 것에 대한 죄책감 따위도 없이 거짓말에 능하다. 집에서의 태도와 밖에서의 태도가 달라 남들은 좋은 사람이라고 평가하기도 한다. 가족과는 친밀한 관계를 거부하고 밖으로 돌며 사생활이 불투명하다.

특히, 자기애적 성격장애, 반사회적 성격장애, 경계성 성격장애, 성에 중독된 사람들은 불륜에 중요한 영향을 미칠 수 있으며, 불륜에 쉽게 빠질 가능성이 있다.

첫째, 자기애적 성격장애다. 이들은 '칭찬만 듣고 싶은 사람들' 이다.

파트너의 욕구는 무시하고 착취적인 관계를 맺는 '자기애적 성격장애' 를 가진 사람들은 자신의 욕구 충족을 위해 거리낌 없이 이기적인 성향을 보인다. 오로지 자기 자신만이 중요하며, 근본적으로 타인에게 관심이 없다. 나르시시스트는 타인의 생각이나 감정에 별로 관심이 없고, 오로지 남이 나를 어떻게 보는지에 대해서만 과민하게 신경을 쓴다.

나르시시스트는 불륜을 저지를 가능성이 매우 높은데, 이들은 배우자가 받을 상처와 아픔에 대해 사이코패스 처럼 공감 능력이 없는 게 아니라 아예 공감할 필요를 못 느낀다. 불륜이 발각되면, 자신의 행위에 대해 반성하고 사과하는 것이 아니라, 합리화하고 배우자에게 책임을 전가한다.

나르시시스트는 이성을 유혹하는 것으로 자신의 낮은 자존감을 높인다. 버림받음에 대한 두려움으로 자신을 비하하여 타인에게서 지지와 사랑을 받는다. 동시에 그들에게 우월감을 심어주어 의존하게 만든다. 이들의 상대는 대부분 애정 관계에 목마름을 느끼는 순진한 사람들이다. 수동적인 성향의 사람들로서 나르시시스트의 통제에 순종적이다. 큰소리치며 분위기를 압도하는 나르시시스트를 추종하고 우러른다.

부당함에 이의를 제기하지도 않기 때문에 불륜 상대로 최적의 파트너가 된다. 숨겨진 관계가 되어 불만이 쌓여도 나르시시스트의 반응이 무서워 참는다. 명색뿐인 배우자보다는 차라리 자신의 처지가 더 낫다고 애써 위안하며 관계를 지켜나가는 것이다.

〈자기애적 성격장애가 불륜에 빠지면〉

- 자신을 부풀려서 상대를 유혹하고 쉽게 기만한다.
- 경청할 때는 오직 타인이 본인의 칭찬을 할 때뿐이다.
- 사소한 비난이나 거절에 상처를 받고 분노를 표출한다.
- 자신의 의도대로 통제하고 조종하며 전능감을 만끽한다.
- 자기 말만 하길 좋아하고, 경청이나 공감할 필요를 못 느낀다.

- 정절에 대한 개념이 없고 여러 이성과 동시에 관계를 맺기도 한다.
- 이성에게 인기가 있다는 것을 자랑으로 삼고 자기 능력으로 여긴다.

둘째, 반사회적 성격장애다. 이들은 '선보다 악을 더 쫓는 사람들' 이다.

사회가 정한 규범을 아무렇지도 않게 넘나들며 사회에 해악을 끼친다. 오직 자신의 쾌락을 추구하기 위해 도덕이나 양심 따위는 개의치 않는다. 그때그때의 욕구에 충실할 뿐이다. 가족이나 남의 차이도 없이 자신이 하고 싶은 대로 하며 산다. 충동적으로 문제를 일으키지만 뉘우치거나 깨닫지 못한다.

자신이 필요한 것을 얻기 위해 사랑한다고 하지만, 사랑에 뒤따르는 책임감은 없다. 자신이 저지르는 일에 대한 불안감이나 죄책감도 느끼지 않는다. 불륜이 들통난 후에 잘못했다고 빌지만 거짓말로 관계를 지속하기도 한다. 부부 간의 충절을 헌신짝처럼 내다 버리기 일쑤다.

〈반사회적 성격장애가 불륜에 빠지면〉
- 자신의 실패에 대해 항상 남을 비난한다.
- 원하는 것을 얻기 위해서 거짓 사랑을 고백한다.
- 상대로 하여금 무조건적인 지지와 이해를 강요한다.
- 말을 너무 잘해서 들을수록 감동하여 그대로 넘어간다.

- 말의 앞뒤가 맞지 않고 거짓말을 잘하며 죄의식이 없다.

- 양심의 가책이나 죄책감, 그로 인한 불안감이 거의 없다.

- 충동적이며, 쉽게 지루해하고, 끊임없이 자극적인 일을 원한다.

셋째, 경계성 성격장애다. 이들은 '사랑을 갈구하는 사람들'이다.

도저히 채울 수 없는 감정적 취약성에 사로잡혀 극도의 의존으로 맺어지는 관계에 절박하다. 이들은 그 누구도 채울 수 없는 결핍 때문에 불안정한 삶을 살아간다. 이 불행이 끝나려면 누군가가 채워줄 것이라는 기대가 비현실적인 것임을 자각해야만 가능하다. 아무리 큰 사랑으로 채우려 해도 무의식의 커다란 틈 사이로 빠져나가버리기 때문이다.

관계에 의존해서 살아가는 삶은 안정을 누리기 어렵다. 자신의 정서적 결핍의 원인을 찾아내 보수해야 한다. 누구도 남의 의존을 견디기 어려운데, 각자의 삶을 살아내기에도 너무나 벅차기 때문이다. 의존이 심한 배우자와의 결혼 생활은 벗어나고 싶은 족쇄처럼 느껴지게 한다. 불륜이 발각되면, 자살하겠다고 협박하거나 실제로 자살 행동을 하기도 한다.

〈경계성 성격장애가 불륜에 빠지면〉

- 극단적 감정에 휩쓸리곤 한다.

- 관계에 집착적이고 변덕스럽다.

- 배우자의 관심이 양에 차지 않아 불만이 많다.

- 부부 관계가 만족스럽지 못할 때 불륜에 쉽게 빠져든다.

- 사랑받기 위해, 버림받지 않기 위해 필사적으로 노력한다.

- 자신의 허기진 감정을 채우려 필사적으로 사랑을 갈구한다.

- 정서적 불안정이 심해서 충동적으로 성적 문란에 빠지기도 한다.

- 이성에게 매우 유혹적인 행동을 하며 이상화와 평가절하를 오간다.

- 관계가 안정적일 때는 상대를 이상화하고, 불안정하면 파괴적 행위를
  일삼는다.

앞서 열거한 성격의 취약성은 개인의 선택으로 보기 어렵다. 편의상 사용했지만, 최근엔 '성격장애'라는 표현도 자제하는 추세다. '장애'라는 표현이 낙인이 되어 개선의 여지를 없애는 게 아닌가 염려가 되기 때문이다.

한 사람의 성격이 형성되는 데는 유전적인 요인과 환경적인 요인이 모두 작용한다. 어느 한쪽도 개인이 선택할 수 있는 사안이 아니다. 부모와 양육 환경을 선택할 수 있었다면, 누구나 건강한 쪽을 택했을 것이다. 하지만 성인이 된 자신의 취약성에 대한 책임은 자기에게 있다.

마지막으로, 성 중독자다. 이들은 '머리 따로, 몸 따로인 사람들'이다.

이들의 머릿속에는 온통 섹스 생각뿐이다. 불법 성매매도 서슴지 않는다. 머리로는 안 된다는 걸 알면서 몸은 성매매 업소, 안마 및 마사지 업소를 향한다. 의외로 적지 않은 남성이 성에 중독적인 증상을 보인다. 아내와의 관계에 아무런 문제가 없는 사람도 특별한 성적 취향의 욕구를 해소하기 위해 일회적 성을 갈망한다. 남편의 난잡한 성적 욕망을 알게 된 아내들은 혐오감에 빠진다.

성적으로 문란한 남편과의 성관계에 적극적인 아내는 없다. 이 때문에 남편은 욕망을 해소하려 더욱더 집착하게 되고 부부 관계는 파국을 맞는다. 성 중독은 배우자에게 불륜 못지않은 깊은 상처를 남기고야 마는데, 아내는 자신이 욕구를 채워주지 못했다며 깊은 자괴감에 빠진다. 아름다워야 할 부부의 성이 아내의 자존감을 훼손시키는 비수가 되는 것이다.

어떻게 보면 이유가 있는 탈선처럼 보인다. 부부싸움으로 집안 분위기를 망치느니 조용히 혼자서 해결하는 게 낫다고 말이다. 남성에게 있어 성욕은 배설에 가깝다고 항변할 수도 있다. 하지만 아내 앞에서 할 수 없는 행위는 결국 배신이나 다름없다.

부부가 진솔한 대화를 통해 방법을 찾아야 한다. 아내도 남편이 무작정 참거나 밖에서 해결할 생각이 들지 않도록 배려해야 한다. 심리적인 문제로 성 중독 증상이 있다면 모두를 위해 꼭 치료받아야 한다. 중독 문제는 방치하면 자신과 가정을 피폐하게 만들고 나쁜 영향으로 대물림될 수 있기 때문이다.

〈성 중독자가 불륜에 빠지면〉
- 스스로 행동을 조절할 수가 없다.
- 성적 행위에 대한 욕구가 점차 증가한다.
- 성적 행동으로 인한 심각한 부작용이 있다.
- 성에 관심이 많고, 성과 관련된 시간이 많다.
- 이들에게 진심 어린 인간관계는 중요하지 않다.
- 배우자가 있어도 성매매를 강박적으로 반복한다.
- 사회적·직업적 취미 활동을 주로 성적 행동으로 추구한다.
- 성관계를 통해 불안감을 달래고 스트레스 해소를 주 목적으로 둔다.
- 자기 파괴적이거나 위험도가 높은 성적 행동을 지속적으로 추구한다.
- 정서적 연결이 없는 성관계에 집착하는 것으로 고통에서 벗어나고자 애쓴다.
- 심한 부적응증에 시달리며, 극한 외로움과 알 수 없는 불안과 공허감에 시달리며 고통받는다.

만약, 당신의 배우자가 불륜을 저질렀다면 어떨 것 같은가?

원인이 무엇이든 삶에 반복되는 문제를 일으키는 취약성을 개선해야만 한다. 자신이 한 행동을 타인이 자신에게 했을 때 어떨지를 기준으로 삶을 정돈해야 한다.

불륜의 원인이 자신의 성격적 취약성 때문인지, 치료나 상담이 필요한 상황인지 탐색해야 한다. 인간관계를 맺고 끊을 때마다 반복된 패턴이 있다면 평소 자신의 행동을 냉정하게 점검해보자. 옳지 못한 태도로 맺은 관계는 언젠가 대가를 치르게 한다.

7. 악어와 악어새, 서로의 욕구를 채워주는 격렬한 관계

"사람들이 원하는 것은 단 하나,
자기 이야기를 들어줄 사람이다."
- 휴 엘리엇

불륜 관계에서 얼마나 많은 속임수가 쓰이는지 알면 놀랄 것이다. 자신의 결핍을 눈치챈 상대가 전략적으로 자신에게 접근한다는 것을 인정하려 하지 않는다. 결핍의 종류가 감정적이든 실재적이든 결핍은 좋은 표적이 된다. 젊고 아름다운 여성의 허영심은 부자인 중년 남성의 손쉬운 타깃이 된다. 남편에게 사랑받지 못해 슬픈 아내는 가장 취약한 사냥감이 되기 쉽다. 자기 가치를 스스로 정하는 미혼의 자기보호 기능이 손상되어 있기 때문이다. 남편에 의해 손상된 이성의 가치가 일시적 관계를 찾는 무례한 이들을 불러들인다.

홀대받는 남편은 무너진 자존감을 세우기 위해 사냥 본능을 갈고 닦으면서 늘 기회를 살피며 무장한다. 고단한 가장의 역할에 치여 고달픈 삶에 안식처가 절실해지고, 초라한 자기 모습을 잊게 해줄 품을 갈구하며 기회를 기다린다.

불륜자는 자신의 처지에 연민을 느끼도록 불륜 상대를 유혹한다. 상처를 달래주며 좋은 사람처럼 느껴지는 우월감을 즐기도록 부추긴다. 불륜 상대도 이렇게 좋은 사람을 홀대하는 상대 배우자에게 미안함을 느낄 리 없다. 자신이 배우자였다면 행복하게 해주었을 것이라고 미끼를 놓는다. 부당한 대접을 받는다고 부추기면서 남의 배우자를 도둑질한다.

마땅히 받아야 할 것을 받지 못했다는 생각은 원한을 갖게 한다. 원한은 마음속에서 싹을 틔우고 무성하게 자라난다. 거듭된 실망에 대한 대안을 선택하는 것이 운명처럼 느껴진다. 결핍을 살뜰히 살펴주는 상대를 진즉 만났어야 할 운명의 사람처럼 생각한다.

이때 일시적 관계를 원하는 진실은 감추어지고 운명의 상대인 척 연기도 마다하지 않는다. 그럴듯한 고백과 기약 없는 약속들이 불안한 관계를 더 절절하게 만든다. 서로를 빨리 만나지 못해 불행해진 연인의 역할은 애틋한 로맨스가 된다.

배우자에게서 받지 못했던 것을 채워주는 사람을 나쁜 사람으로 인식할 수 있을까?

남들의 불륜이 자신들에겐 로맨스가 되는 게 이상한 일이 아니다. 결핍에 시달리던 사람들은 탐욕스러운 감정에 사로잡히기 쉽다. 결혼이라는 제도에 걸터앉아 담장 너머 남의 배우자를 넘보는 게 마땅하다고 믿는다. 상대 남성의 불행한 결혼은 여성의 죄책감을 씻겨주는데, 자신이 누군가의 남편을 뺏었다고는 생각하고 싶지 않은 것이다. 자신이라면 이렇게 좋은 사람을 홀대하지는 않았으리라 생각한다.

자신의 욕구를 채우는 데 대담해지는 독신이 늘어가는 추세도 결혼을 위협하는 요인이다. 사회적 존재인 인간의 특성상 혼자서 삶의 모든 필요를 채우기는 어렵다. 실재적 삶의 필요는 혼자서 해결할 수 있다고 하더라도 정서적 필요를 혼자서 채우는 건 불가능하다. 감정을 차단하고 억누르는 삶이 아니라면 말이다.

독신의 삶을 지탱할 외형적 능력은 갖추었어도 정서적 결핍은 존재한다. 만족스럽지 못한 결혼을 하소연하는 지인이 애인 후보가 되기도 하면서 때론 삶의 방편으로 호의를 받아들이기도 한다. 호의를 받고 신세를 지게 되면서 자신도 모르게 끌려들어가 지배당하게 된다.

어떤 결핍 때문이든 서로의 필요를 채워주는 공생관계는 단단하게 서로를 얽어맨다. 결국, 불륜이 들통나 집안이 전쟁터가 돼도 관계를 끝내지 못한다. 대체로 건강하지 못한 가정들이 얽혀 있어 정리하는 과정이 복잡하고 힘들어진다. 감정이 얽히는 것뿐만 아니라 경제적인 문제가 얽히면 더 험난해진다.

어느 가장은 사업 자금을 대준 연상의 독신녀와 내연 관계가 되어 끌려다니는 수모를 겪는다. 경제적 기반이 없는 아내는 그런 남편을 비참한 심정으로 견뎌야 한다. 생존이 자신의 존엄을 지키는 것보다 우선되는 현실은 견디기 힘든 고통에 빠지게 한다.

지인의 아내에게 위로받던 남성은 사회적으로 매장당하기도 한다. 자신이 여전히 매력적이라는 확신을 주는 남의 남편을 만나기 위해 남편을 배신하기도 한다.

자신의 결핍에 대한 고찰이 필요한 이유는, 결핍이 자신도 모르는 곳으로 끌고가도록 내버려두어선 안 되기 때문이다. 결핍을 해소하기 위해 건강한 방법을 찾아내어야 한다. 배우자를 대신해서 선택한 사람이 배우자보다 더 나은 사람일 확률은 지극히 낮다. 제대로 된 사람이라면 남의 배우자를 훔치는 짓 따위를 할 리가 없기 때문이다. 부부 관계를 되살릴 방법을 찾는 게 더 확실한 답이 된다.

8. 어디까지 동료이고, 어디까지 바람일까

"서로를 이해하기 위해서는 어느 정도 닮은 데가 있어야 하지만,
서로를 사랑하기 위해서는 어느 정도 다른 데가 있어야 한다."
- 폴 제랄디

직장에서의 친밀감은 경계심 없이 자라나기 마련이다. 남편보다 남편 같고 아내보다 아내 같은 동료, 이들이 바로 '오피스 스파우즈' 다. 직장인에게 오피스 스파우즈office spouse: 사무실 배우자라는 말은 이제 흔한 용어가 됐다. 실제 부부나 애인 관계는 아니지만, 직장에서 아주 친밀한 관계를 유지하는 이성 동료 사이다. 아침 9시부터 오후 6시까지, 또는 그 이상의 시간까지 함께 하면서 속마음을 터놓고, 의지하며, 정서적으로 지지해주는 사람이 있다면 직장생활이 수월해진다.

함께 시간을 보낼 수 있는 핑계를 만들기 쉬운 직장 동료가 불륜에 쉽게 빠지는 이유는 다음과 같다.

첫째, 직장 동료는 서로에게 정돈되고 능력 있는 모습을 보인다.

편한 차림으로 집에서 뒹굴던 추레한 모습이 아닌 능력을 발휘하는 멋진 모습으로 만난다. 협력하며 자연스럽게 많은 시간을 보내는 동료 관계에서 불륜이 자주 발생하는 이유다. 능력 있게 일 처리하는 사람은 돋보인다. 이렇게 일하는 멋진 모습을 배우자는 보지 못하고 직장 동료가 매일 같이 본다. 파트너 관계로 일하다 보면 서로 도움을 주고받으며 감정이 싹트기 쉬운데, 개인적인 호의로 느껴지기가 쉬워지기 때문이다.

둘째, 맞벌이 부부는 서로 결혼 생활에 할애할 에너지가 부족하다.

채워지지 못하는 욕구도 많을 수밖에 없다. 직장에서의 삶이 우선순위가 되면 가정은 삭막해지고 불만은 높아진다. 가정의 불만을 회사 동료와 상의하면서 위로받는다. 서로의 고충을 털어놓다 보니 마음이 점점 깊어진다. 부부가 가정보다 밖에서 채우는 욕구가 많아질수록 결혼 관계는 느슨해진다. 친밀해야 할 부부 관계가 각자의 직장 동료들과 연결된 다자 관계가 되고 만다.

셋째, 가정보다 일을 더 우선순위로 삼는다.

워커홀릭이 되어버린 사람의 배우자가 느끼는 감정도 불륜과 크게 다르지 않다. 가정을 위해 일한다는 말은 정작 배우자에게는 이해받지 못한다. 일 중독에 빠져 자신의 성취를 우선한다고 생각하기 때문이다. 연구 결과, 적정 수준을 벗어난 후의 경제력은 행복에 미치는 영향이 크지 않았다. 자기 일을 최우선에 두는 사람은 배우자에게 소외감과 외로움을 느끼게 한다. 자신의 모든 에너지를 일에 써버리는 사람은 정부를 두고 가정을 배신하는 것과 같다. 우선순위가 뒤바뀌었기 때문이다.

넷째, 한국 사회의 유흥문화가 불륜을 부추긴다.

우리는 흥이 많은 민족성을 타고났다. 개인주의 속에서도 무리가 밝히는 유흥의 불빛은 여전히 빛나고 있다. 코로나19로 줄었다고는 하지만 여전히 회식은 일의 능률과 성과를 위해 중요시된다. 회식 자리는 늘 술과 질펀한 유흥을 동반하고 이성의 끈을 놓으라는 주문이 추가된다. 직장의 회식 문화와 각종 모임에 유흥이 필수과정이 된 문화는 분명 가정에 위협이 된다. 어느 모임이건 술과 노래로 친밀해지기 쉽다는 건 그만큼 유혹이 많다는 뜻이다.

치열한 삶의 현장에서 동지가 되어 지내다 보면 연애의 재료인 친밀감이 커진다. 끈끈함을 중요시하는 한국 사회의 정서상 이러한 회식 자리나 야유회 등은 유혹의 장이 되기 쉽다. 자신의 욕구를 가정이 아닌 곳에서 채우기 시작하면 가족 간의 유대감은 급속히 사라진다. 서로를 지켜주지 못하고 각자의 즐거움을 찾기 시작하면 비싼 값을 치러야 한다.

　외벌이로 가정을 꾸리기 어려운 시대를 살아가고 있다. 풍족해진 세상에 사는 만큼 치러야 하는 대가도 커져만 간다. 부부가 가정을 잘 꾸리기 위해 하는 직장생활이 가정의 위협이 될 수 있다. 비관적으로만 생각할 것이 아니라 경계를 잘 세우고 조심할 필요가 있다.

　직장 불륜의 경우 피해가 매우 크다. 사내 분위기를 저해할 우려가 커 징계 사유로 삼을 수 있다. 둘 다 직장을 그만두어야 하거나 최소한 한쪽은 퇴사하게 된다. 두 가정이 얽히고 직장이 전쟁터가 되어 수습에 어려움을 겪게 된다. 직장은 생계와 관련되어 있다 보니 퇴사가 민감한 문제가 되는데, 특히 한쪽만 퇴사할 경우 불만이 커져 진흙탕 싸움이 되기 쉽다.

　오피스 스파우즈에 대해 찬성할 배우자는 없을 것이다. 자신 외에 이성과 정신적 교감을 나누는 것을 원치 않고, 자칫 불륜으로 발전할 수 있기 때문이다. 오피스 스파우즈는 양날의 칼이다. 직장생활에 활력을 주지만, 자칫 직장생활을 망칠 수 있다.

9. 가짜 낭만으로 도배되는 세상에서 산다는 것

"일단 유명해져라,
그렇다면 사람들은 당신이 똥을 싸도 손뼉을 쳐줄 것이다."
- 앤디 워홀

소셜미디어에서 화려하게 포장되어 전시되는 로맨스가 판타지를 자극한다. 현실과 동떨어진 미디어 세상의 연애가 현실의 연애를 초라하게 만든다. 비현실이 현실을 지배하고 현실의 삶을 평가 절하한다.

가짜 사랑이 넘쳐나며 전시되다가 비밀 관계가 드러나기도 한다. 하나의 출구에서 위선과 진실의 요구가 부딪치고 현실은 더욱 초라해 보인다. 요란하게 전시되던 사랑이 탈선의 증거가 되어 가짜 사랑이 벌거벗겨진다. 종말을 맞은 판타지 로맨스는 곧 새로운 주인공들로 순식간에 대체된다. 마치 영원히 사랑할 것처럼.

연애하는 동안은 어찌어찌 남들만큼 여행하고 맛집 다니고 이벤트도 하며 결혼까지 이른다. 자신의 배우자가 될 사람에게 최고의 모습을 보여주기 위해 많은 시간과 돈과 정성을 들여가며 투자하고, 매순간을 소셜미디어에 기록한다.

소셜미디어에서는 멋진 사랑을 전시하는 주인공이 된다. 연애하는 시간 동안 황홀경에 빠진 두 사람 중 특히, 여자 주인공에게는 큰 의미가 있다. 자신의 가치를 최고로 인정해준 사람을 선택한 기쁨이 판타지가 된다.

그러나 실제 결혼 생활은 그간의 기대가 환상에 불과했음을 잔인하게 알려준다. 그동안 무시 되어왔던 결혼의 부정성이 긍정성을 압도하기 시작한다. 당사자들은 어쩌다 자신이 속임수를 당하게 된 것인지 억울해하며 분노한다. 불행한 결혼은 배우자를 홀대하고 대신 자식을 통해 보상받으려고 하기도 한다. 밖을 기웃거리며 새로운 파트너를 찾거나 일로 가정을 등한시하는 핑계를 댄다. 아름다운 사랑으로 가득한 세상과 자신의 초라한 일상을 비교하며 깊은 절망을 경험한다.

많은 이가 결혼에 대해 모르는 점이 하나 있다. 결혼이 낭만과 사랑으로 정의된 역사가 그리 길지 않다는 것이다. 결혼의 원래 목적은 생존을 위한 협력 관계로 경제적 가치를 저울질하는 게 당연한 제도였다. 재산이 자신의 유전자를 물려받은 후손에게 안전하게 물려지길 원해 독점적 관계를 맺은 것이다. 결혼은 생존의 확률을 높이고 가문의 영향력을 키우며 유산의 전수를 위해 만들어진 제도다.

로맨스가 현실의 결혼을 변화시키는 데는 여성의 사회적 지위의 상승이 있었다. 경제적 의존에서 벗어난 여성의 선택권이 강화된 것이다. 생존을 위한 의존에서 벗어난 여성은 자신의 소중한 감정이 존중받기를 바란다.

대개의 남성은 생존을 위한 대책을 잘 세우는 것으로 결혼에서의 역할을 다하려 한다. 그러나 그것만으로는 충분하지 않다는 여성과 한평생을 살아야 한다는 게 문제다. 거의 모든 여성은 결혼 생활 내내 낭만과 사랑이 있기를 바란다.

실망스러운 결혼은 불화를, 불화는 비교를, 비교는 불륜으로 이어진다. SNS는 부채질하는 역할을 충실히 수행하는 중이다. 비교당하는 관계가 평탄할 수 없으며, 비교당하는 결혼도 행복의 탄탄대로로 가기 어렵다. 감정은 존중되어야만 하는데, 감정이 절대평가의 기준이 되는 것은 옳지 않다.

결혼에 낭만과 사랑이 있다면 풍성하고 윤택할 것이다. 그것이 요란하게 전시된 사회적 기준일 필요는 없다. 연애적 감성이 사라져 공허감을 느끼며 불륜에 빠지는 사람들이 의외로 많다. 현실 감각이 없는 관념 속에 자리 잡은 가짜 로맨스에 사로잡혀 있으면, 실제 삶의 소중한 관계를 배신하게 된다.

당신의 삶은 당신이 어떤 목표를 바라며 사는지에 따른 결과를 낼 것이다. 허상의 감정을 따라 살며 울타리 너머를 기웃거리면 결국 초라한 삶이 남는다. 주어진 삶을 더 나은 삶으로 만들어보자.

10. 결국 과정은 대물림된다

"행복한 가정의 사정은 다들 비슷비슷하지만,
불행한 가정은 저마다 다른 이유가 있다."
- 레프 톨스토이

심리학자 제이 벨스키는 "안정적이지 못한 양육 환경에서 자란 사람이 결혼하면, 충실한 배우자 역할에 실패할 수 있다"고 했다. 많은 파트너를 전전하며 깊은 독점적 관계를 유지하지 못한다는 것이다. 헌신하는 좋은 배우자를 만날 것이라 기대하고 독점적 관계를 맺는 안정형 사람과 대조된다. 어릴 때부터 경험한 가정의 분위기에 익숙해지며 자란 사람은 자신의 가정도 그렇게 이끈다. 원 가정의 상호작용 패턴이 대물림되면서 무의식적으로 일어나는 일이다.

불행한 유년을 보낸 사람들은 자신의 가정만은 행복하길 간절히 바란다. 그러나 바람과는 달리 방법을 알지 못하거나 왜곡된 기대를 하는 경우가 많다. 자신에게 익숙한 패턴대로 상호작용을 하도록 상대를 이끈다.

또한, 어린 시절 받지 못했던 부모로부터의 사랑을 배우자를 통해 채우기를 갈망한다. 갈망은 배우자의 의무가 되지만 부모로부터의 결핍을 채울 수 있는 대리자는 없다. 채워지지 않는 무의식 속의 결핍은 부부의 관계를 원 가정의 패턴 속에 가두고 만다.

사회관계 속에서 좋은 평가를 받는 사람이 가정에선 반대의 평가를 받기도 한다. 사회관계 속에서는 의도된 모습을 보이지만, 가정에서는 자신의 본 모습이다. 사회관계는 계산되고 학습된 모습으로 가면을 쓰고 살아가고, 가정에서는 익숙한 어두움에 걸맞은 모습으로 살아간다. 둘 다 불만족스럽지만 익숙한 삶이다.

그리고 불만족의 원인은 가족에게로 향한다. 특히 배우자에게로. 자신의 몫은 늘 불행한 피해자 역할이다. 행복하기 위해 노력하지만 부당한 대우를 받는 자신이 안쓰럽기만 하다.

예측 불가능하고 불안정한 양육 환경은 배우자와의 독점적 관계를 불안하게 느끼도록 한다. 대안 없이 오직 한 사람과 친밀해지는 일은 의존도를 높일 뿐이다. 배우자와의 안정적 친밀감이 반대로 불안 요인이 되고 만다. 누군가가 자신을 통제할 힘을 갖는다는 것은 예측 불가능성을 높인다는 의미가 된다. 안정적인 한 사람과의 관계 대신 여러 대안을 두는 것으로 리스크를 분산하려는 이유다.

'욕하며 닮는다'는 말은 슬프게도 가계에 흐르는 역사를 전승하고야 만다. 불성실했던 부모의 모습이나 부도덕했던 모습을 혐오했는데, 그대로 자식에게로 옮아간다. 자신만은 절대 실패하고 싶지 않았던 가정생활에서 슬픈 일을 겪는다. 혐오하던 모습을 닮던지, 정반대로 날을 세우며 살았던 삶에 베이던지 별반 다르지 않다. 뜻대로 되지 않는 삶은 절망을 부르고 절망은 분노가 되어 자라는 내내 싫어했던 부모의 모습을 닮아 간다. 절박한 심정은 지푸라기를 잡게 하고, 잠시라도 숨을 쉬기 위해 온기를 찾아 헤매게 한다. 부모에게 전적으로 의지할 수밖에 없던 무력한 존재였을 때 갖게 된 결핍은 삶을 관통한다. 그 결핍은 의식되지 못한 채 집착이 되어 삶을 위협한다.

그러나 '잘되면 내 탓, 못되면 조상 탓' 이란 말처럼, 불륜을 조상에게 물려받은 유전자 탓만으로 돌릴 수는 없다. 다만, 본인의 의지와 다르게 유전자와 뇌 구조, 그리고 양육 환경으로부터 결정되는 부분도 있다는 것을 이해해야 한다. 같은 양의 술을 마셔도 누군가는 멀쩡하고 누군가는 인사불성이 되는 것처럼, 자신에게 주어진 조건을 때에 따라 스스로 극복해나가면서 고치려고 노력해야 한다.

술에 약하다면 인사불성이 되기 전에 멈추면 된다. 불행한 양육 환경에서 자랐다면 단란한 가정을 이룰 수 있도록 노력하면 된다. 인간이 선천적인 유전 그대로, 후천적인 환경 그대로 사는 것이 당연하다면 누구도 부모 이상으로 발전할 수 없어야 한다.

배우자에게서 부모의 사랑을 기대했다는 것을 어떻게 알 수 있을까?

어느 날 삶이 무너지고 관계가 깨질 때 목격된다. 배우자가 당연히 주어야 한다고 생각했던 것들은 부모가 주지 못한 것들이었음을, 부모가 아니면 아무도 줄 수 없는 것들이었음을 뒤늦게 깨닫는다. 여러 번의 관계가 실패하고서야 비로소 고질적인 문제를 바로잡게 된다. 부모에게 느꼈던 결핍이 무의식을 사로잡고 왜곡을 거치며 관계를 위협하는 가시가 된 것이다.

배우자에 대한 자신의 기대를 자세히 들여다보자.
마땅히 기대할 만한 것인가?

자신의 성장기를 돌아보아야 한다. 자신도 모르는 결핍이 독사처럼 똬리를 틀고 있지나 않은지, 그 결핍이 당신의 삶과 결혼과 가정을 위협하는 게 아닌지 점검해야만 한다. 배우자에게 사랑받는 느낌이 없어서 괴로움을 느낀다면 반드시 원인을 찾아내야 한다. 가만히 내버려두면 자신도 모르게 배우자를 원망하며 관계를 망칠 수 있기 때문이다.

배우자의 불륜을 겪었다면 이유 따위를 왜 찾아야 하느냐고 항변하고 싶을 것이다. 결혼이란 이유를 불문하고 지켜야 할 약속이 있는 관계라며 책임과 의무를 따질 것이다. 옳은 생각이기는 하지만 현실적이지는 못하다. 책임과 의무가 중요하기는 하지만, 언제나 욕구에 우선하기는 힘들다. 불륜자도 그들 입장에서는 나름의 책임과 의무를 다한다. 다만 충족되지 않는 욕구를, 배우자도 채워주지 못하는 욕구를 스스로 채우기로 선택한 것뿐이다. 물론 잘못된 선택이다. 위험하고 무책임한 행동이다. 하지만 무작정 안 된다고 하는 건 답이 될 수 없다.

모든 무덤에 핑계가 있듯이 모든 불륜에도 각각의 이유가 있다. 부부가 된 이상 되돌려서 아무것도 아닌 사이가 되는 건 불가능하다. 절망스러운 나머지 이혼으로 끝내고도 싶겠지만, 그렇다고 고통이 줄어드는 건 아니다.

불의의 사고처럼 닥쳐온 일이지만 당신의 삶에 큰 변화를 일으킬 기회이기도 하다. 혁명하지 못하면 당신은 불행에 진 가여운 인생이 되어야 한다. 배우자의 불륜보다 더 큰 비극은 그로 인해 당신의 삶이 망가지는 것이다.

불행의 원인을 밝혀서 위기의 가정을 보수하는 과정을 거치면서 당신은 매우 강한 사람이 되어 있을 것이다. 모든 결혼은 그만한 노력을 할 가치가 충분히 있다.

3장
~
불륜에 현명하게 대처하는 법

1. 대화는 닫힌 관계를 푸는 열쇠다

> "세상 경험을 많이 쌓은 사람들의 이야기를 들으면
> 인생에서 제일 견디기 어려운 일은 나쁜 날씨의 연속이 아니라
> 오히려 구름 없는 날씨의 연속이다."
> - 카를 힐티

대화할 마음만 먹을 수 있다면 문제를 풀어갈 수 있다. 안타깝지만 이미 벌어진 불륜을 좋은 관계를 만드는 계기로 삼을 수도 있다. 일촉즉발의 상황에서 조율된 대화를 통해 마음이 진정되고 해답을 찾을 수 있다.

인간관계를 잘하는 사람들의 특징이 있다. 그들은 상대에게 마음을 열고 의사소통하는 방법을 알고 있다. 상대의 욕구에 관해 묻고 수용할 뿐만 아니라 공감의 중요성을 안다. 자신의 욕구도 잘 알고 상대에게 잘 전달하며 조율하는 능력 또한 뛰어나다. 자신의 욕구를 상대가 먼저 알아서 채워주기를 바라는 사람들과는 대조적이다. 이들은 상대의 말을 주의 깊게 듣고 감정을 이해하며 그 느낌을 전달해서 교감할 줄 안다.

불륜을 겪는 많은 부부들에게 불륜이 대화의 부재에서 비롯된다는 사실은 우연이 아니다. 다시 말해 가정의 주체가 되는

부부 사이에 의사소통을 위한 노력이 거의 없었으며, 대화가 부족한 부부는 친밀감 또한 부족했다.

그들도 결혼이라는 사랑의 결실을 맺기까지 수많은 의사소통을 통해 정서적으로 교류하며 사랑을 나누었을 것이다. 서로 잠들기 전까지 통화하고, 헤어지기 아쉬워서 결혼에 이르렀다. 그런데 참으로 아이러니하지 않은가? 결혼 이후에는 소위 '연애의 무덤' 이 되어 열정적인 감정이 소멸하고, 부부 간의 대화도 점차 사라져간다는 사실이 말이다.

아무리 어렵게 꼬여 있는 문제라 해도 당사자들이 대화할 수 있다면 해결할 가능성이 있다. 도저히 이해할 수 없던 문제도 상대의 말에 귀를 기울이면 이해가 되기도 한다. 상대를 이해할 수 있게 되면 분노에서 자유로워질 수 있다. 분노의 감정은 상대의 잘못에 자신이 억울한 피해자가 되었다는 생각에서 비롯된다.

자기중심적인 사고는 분노를 유발하고 관계를 불태워버린다. 갈등이 생길까 두려워 묻어 두는것도 분노만큼이나 파괴적이다. 갈등을 회피하는 관계는 각자의 내면에 불만을 쌓는데, 표면적이고 형식적으로 이어지던 관계였던지라 위기에 약하다. 대화하지 못하는 관계는 위기에 함께 대항할 수 없어 관계 밖에서 위로를 찾게 한다.

불륜은 표면적이던 관계에 변화를 일으킨다. 변화할 수 없다면 파괴될 것이라고 위협하면서 치명적 사건이 오히려 관계를 구원하는 계기가 되기도 한다. 활력이 없던 부부 관계에 팽팽한 긴장과 두려움이 자극제가 된다. 답이 없을 것만 같던 권태로운 관계가 변화와 이별 중 선택하라는 도전을 받게 된다.

무관심이 추방당하고 호기심이 몰려와 서로의 상태를 알아내고자 노력한다. 드디어 서로에게 관심을 가지고 몰두하기 시작하면서 무기력하던 관계에 대화가 절실히 필요하게 된다.

불륜자와의 대화는 자칫 추궁이 되기 쉽다. 추궁은 묻는 사람의 호기심을 해소하기 위함인데, 그 질문 속에 상대에 대한 배려가 있을 리 없다. 관계에 대한 예의도 없기는 마찬가지다. 오직 잘못을 저지른 자와 심판자가 있을 뿐이다.

무엇을 위해 추궁하는가?
어떤 정보를 얻길 원하는가?
자신의 선택에 어떤 영향을 미치는가?

어떤 목적을 가지고 질문하고 있는지 자신을 돌아보아야 한다. 관계를 구할 목적이 아닌 질문은 당신을 더욱 큰 고통에 빠트릴 것이다. 원색적 호기심에 사로잡혀 가정을 구할 기회를 날려버릴지도 모른다. 불륜에 대한 증거나 구체적인 내용을 알게 된다면 그 내용이 머릿속에서 〈사랑과 전쟁〉 드라마가 되어 계속 재생되면서 괴로워진다.

대화를 통해 해결하고 가정을 지키기로 했다면, 다음과 같은 현명한 대화법이 필요하다.

첫째, 당신의 책임도 일부 있다는 것을 인정한다.

그동안의 결혼 생활이 만족스럽지 못한 이유 중 얼마는 당신의 책임도 있다는 것을 알아야 한다. 변명거리가 있겠지만 곰곰이 따져보면 그렇다고 인정하게 된다. 어떤 선택을 하기 전에 전후 사정을 돌아보며 대화할 수 있어야 한다. 부부가 마주한 현실에 대한 깨달음이 없다면 반복되는 고통이 될 것이기 때문이다.

둘째, 더 이상 서로를 어림짐작하지 않는다.

부부 관계를 위해 담담하게 묻고 성실하게 대답해야 한다. 인생에서 가장 많은 투자를 한 결혼이 어쩌다 이렇게 되었는지 교과서로 삼아야 한다. 이 과정을 통해 부부 관계를 성장시키지 못하면 이별하게 되고 당신은 같은 과정을 다시 배워야 할지도 모른다. 갈등이 두려워 대충 넘기지 말고 갈등을 다루는 법을 배우는 기회로 삼아야 한다.

셋째, 화가 치밀어올라도 선은 지킨다.

부부의 근본적인 문제를 다루려면 많은 에너지와 지혜가 필요한 법인데, 격한 감정에 휩싸이면 좋은 대화를 나누기 어렵다. 불륜자를 무조건 비난하면서 신문하지 않는다.

넷째, 대화에는 결정적 시기가 있다.

3일 이내에 위기를 해결하려는 자세가 필요하다. 이 시기가 지나면 위기가 악화되거나 걷잡을 수 없는 상상력이 동원되면서 서로 감정소모전이 극심해진다. 둘이 직접 대화하기보다는 전문가를 통해 조율된 대화를 하는 게 좋다. 민감한 시기에 적절치 못한 의사소통은 독이 된다.

다섯째, 서로의 진심을 전하기에 편지는 좋은 도구가 된다.

오해의 소지가 있는 감정 섞인 말보다는 정제된 언어로 쓴 편지가 효과적이다. 관계를 돌아보며 진중하게 쓴 편지는 상대의 마음을 두드린다. 편지를 쓰는 것만으로도 당신의 마음이 정돈되는 것을 느낄 것이다.

여섯째, 조바심을 내지 않는다.

깨진 신뢰를 회복하고 친밀감을 회복하기까지는 오랜 시간과 많은 노력이 필요하다는 사실을 알아야 한다. 쉽게 마음을 열지 않는다고 배우자를 탓하지 않는다. 관계 회복을 위한 노력도 포기하지 말아야 한다. 이미 깨진 신뢰를 회복하려면 오랫동안 노력해야 한다. 쉽게 용서해주지 않는 배우자, 쉽게 마음을 열지 않는 배우자를 탓하다 보면 다시 실망하게 되고 지치게 된다.

일곱째, 우호적인 대화법을 배운다.

이번 기회에 서로가 안전하게 진심을 말할 수 있는 우호적인 대화법을 배워야 한다. 현명하고 서로를 이해하는 충분한 대화는 관계를 회복시키고, 용서가 저절로 따라온다. 고통이 그저 고통으로만 끝나지 않도록 이 고통을 통해 관계의 기술을 배우자. 당신의 배우자는 당신에게 최고의 교과서다.

2. 무소의 뿔처럼 혼자 가선 안 된다

"소리에 놀라지 않는 사자처럼, 그물에 걸리지 않는 바람처럼,
진흙에 더럽히지 않는 연꽃처럼, 무소의 뿔처럼 혼자서 가라."
- 숫타니파타 경전 中

결정적인 순간이 오면 사람은 혼자다. 자신을 지키는 것도, 아끼는 것도 자기 자신뿐이다. 그러나 불륜은 묵묵히 혼자 견디고 해결할 수 있는 사안이 아니다. 무소의 뿔처럼 혼자 갈 수 없으므로 당신과 당신의 가정을 위해 도움을 줄 전문가를 찾길 바란다.

배우자의 불륜이 얼마나 고통스러운 일인지는 당해본 사람만 안다. 사람은 죽을 만큼 힘들어야 병원을 찾는다. 그리고 죽을 만큼 괴로워야 상담받으려고 한다. 특히, 돈을 내고서라도 상담받는 분야가 바로 배우자의 불륜이다. 얼마나 고통스러운지 내 일이 아닐 때는 이런저런 비현실적인 관념에 쌓여 극단적인 결론을 답이라고 생각한다. 그러나 막상 내 일이 되고 나면 무엇을 어떻게 해야 할지 알 수가 없다. 살인이나 자살 충동이 일어나기도 하고, 극심한 스트레스로 정신질환이 발생하기도 한다.

누구든 배우자의 불륜을 겪게 되면 이성적인 판단을 하기가 어려워진다. 처음 느끼는 온갖 종류의 감정에 사로잡히게 되기 때문이다. 불륜의 대처에도 골든타임이 있다. 가정에 가해진 테러를 수습하기 위해서는 전문가가 있어야만 한다. 초기 대응을 적절하게 잘 해내야 옳은 선택을 할 수 있다. 상처 입은 배우자가 권위를 가지고 최선의 선택을 할 수 있으려면 적절한 매뉴얼이 필요하다.

감당하기 어려운 일이 벌어지면 주위에 도움을 청하고 싶어진다. 적어도 혼자가 아니라는 위안이라도 받고 싶기 때문이다. 그러나 타인들의 주관적 의견은 배를 산으로 보내고, 그 책임은 오롯이 상처 입은 배우자가 진다. 다른 어려움과는 다르게 불륜은 받았던 도움이 수치가 되기 쉽다. 의도와는 다르게 변질하고 왜곡되어 풀 수 없는 실타래가 되기 십상이다.

도움을 주려는 사람의 마음이 왜곡되어 받아들여지기는 또 얼마나 쉬운가? 상대의 안부가 불편한 간섭과 호기심처럼 느껴질 때쯤이면 잃은 게 배우자뿐만이 아닌 걸 알게 되면서 새로운 상처가 솟아나고 상실과 외로움에 사로잡히게 된다.

아내의 불륜을 겪은 남편들의 상담 요청이 늘어나는 추세다. 남편의 불륜으로 고통받는 아내들은 주로 친구나 지인에게 하소연하지만, 남편들은 말할 곳이 없다. 아내의 불륜은 남편의 자존감에 견디기 힘든 충격을 가한다. 침략당한 자신의 성을 어떻게 복구해야 할지 몰라 도움을 요청한다.

아내가 다른 남자와 한편이 되어 기만했다는 생각 때문에 강렬한 분노에 휩싸인다. 스스로 분노를 조절하지 못하고 극한 상황을 만들게 될까봐 두려움에 빠진다. 상담을 요청하는 남편은 가정을 지키기 위해 엄청난 용기를 낸 성숙한 사람이다. 이런 남편은 결혼을 되살리기 위해 기꺼이 변화를 받아들인다.

상처 입은 배우자는 불륜자의 상태를 주관적으로 받아들이면서 자기 관점으로 해석하려고 애쓴다. 그 때문에 현실 상황이 도무지 납득되지 않는다. 자신이 알던 사람과 현실의 사람이 일치되지 않는 혼란에 빠져 고통 받는다.

현실 감각을 상실하여 헤매는 동안 사태는 더욱 나빠진다. 똑같이 정신없는 불륜자가 어른스럽게 행동할 리 만무하기 때문이다. 불륜의 대가가 무엇일지 몰라 안절부절못하는 행동은 상대의 분노를 유발할 뿐이다. 우격다짐으로 상황을 일단락 지으려 서두르는 모습 때문에 용서는 더욱 멀어진다.

상처 입은 배우자는 불륜자가 자신과 연애 기간에 했던 행동들을 불륜 상대와 했을 것이라 여긴다. 이 생각은 상처 입은 배우자를 엄청난 질투에 휩싸이게 만든다. 행복했던 지난날에 고통스러운 상상이 덧입혀져서 가공할 만한 위력을 발휘한다.

불륜자의 모든 말과 행동을 철저히 왜곡해서 해석한다. 같은 현실 속에 있지만, 전혀 다른 생각으로 겉돌며 점점 지쳐간다. 시간이 흐를수록 더욱 멀게 느껴지고 결코 돌이킬 수 없을 것이라는 절망에 휩싸인다. 서로를 어떻게 다시 연결해야 할지 도무지 알 수 없게 된다.

부부의 원초적 감정이 뒤범벅되어 주고받는 메시지들은 오해받고 무시된다. 자신의 의도가 눈앞에서 왜곡되고 폄하되는 상황이 반복되면 대화의 창구는 닫혀버린다. 서로가 상대에 대해 가진 선입견이 견고한 벽이 되어 둘을 가로막는다. 의혹의 눈빛으로 서로를 감시하고 모든 행동은 위험으로 인지된다. 관계를 지키고 싶은 의도나 용서를 빌고 싶은 의도를 차마 꺼내놓지 못한다. 상대의 진심을 알 길이 없어 자신의 소망을 꺼내놓을 수 없게 된다.

육체에 병이 들면 병원을 가고 의사를 찾는다. 불륜은 부부 관계가 병에 걸렸다는 것을 의미한다. 지금은 많이 나아졌지만, 가정사로 전문가를 찾는 걸 여전히 어려워한다. 눈에 보이지 않는 상처라 외면하기 쉽지만, 후유증은 상상을 초월하여 방치된 세월 속에서 아무렇게나 덧나고 재발하기를 반복하면서 결국 관계는 죽어간다.

또한, 방치된 상처는 해묵은 앙금으로 남아 시간이 지나도 자다가도 벌떡 일어나고, 아침을 분노로 시작하게 만든다. 의식이 사라진 후에도 해결되지 못한 상처는 존재를 지배한다. 그러므로 상처가 당신의 영혼을 장악하지 못하도록 도움을 받아야 한다.

둘 사이에는 중재자가 필요하다. 이 결혼에 연결되어 있지 않은 제삼자로서 객관적 시선으로 볼 수 있는 사람이어야 한다. 선입견이나 이해 관계없이 부부 관계를 조율할 수 있도록 도울 수 있어야 한다. 서로에게 전달되지 못하고 미수에 그치는 진심을 안전하게 전달할 수 있어야 한다. 당사자도 미처 깨닫지 못한 소망을 마주 보도록 용기를 주고 지지해주어야 한다. 성숙한 관계로 나아갈 수 있도록 안내할 수 있어야 하며 최선을 볼 수 있도록 혼란을 정리해주어야 한다. 친구나 가족은 할 수 없는 일이다.

가정을 위해 도움을 줄 전문가는 현실을 정확하게 파악하고 분석해서 적절히 대응할 수 있도록 도와줄 것이다. 감정이 이리저리 끌고 다니지 못하도록 붙잡아줄 것이다. 그동안 잘 알지 못했던 서로의 진심을 마주 보도록 도와줄 것이다. 상대에게 가장 적절한 태도를 지니고 행동할 수 있도록 도울 것이다. 가장 좋은 선택을 후회 없이 할 수 있도록 도와줄 것이다. 깊은 상처를 안은 채 남은 삶을 고통에 빠져 살지 않도록 도와줄 전문가가 필요하다.

3. 판도라의 상자를 열었다면, 냉정해져라

> "사랑의 비극은 죽음이나 이별이 아니다.
> 두 사람 중 어느 한 사람이 이미 상대방을 사랑하지 않게 된 날이 왔을 때다."
> - 서머셋 모옴

든든한 지원자가 되어줄 전문가를 찾았다면, 다음으로 불륜의 원인을 밝혀야 한다. 열어도 후회, 안 열어도 후회인 판도라의 상자를 열었다면 본격적으로 지옥의 문이 열린다. 그러므로 자신의 배우자로서 상대를 볼 것이 아니라 한 인간으로서 보아야 한다. 계속해서 배우자로 인식하면 좀처럼 객관성을 갖기가 어렵다. 객관성을 갖지 못하면 마음은 옹졸해지고 감정의 지배에서 벗어날 수가 없다.

하나의 존재로서 정서적 거리를 두고 원인을 찾아야 옳은 선택을 할 수 있다. 어쩌면 이제까지 당신이 알던 사람이 아닌 전혀 새로운 사람을 보게 될지도 모른다.

결혼은 대체로 엄청난 착각과 기만을 통해 이루어진다. 상대를 제도권의 독점적 관계로 이끌기 위해 자신을 포장한다. 상대가 다른 가능성을 포기하고 자신을 선택하도록 하기 위해서는 어쩔 수 없는 일이다. 누구나 상대의 실체를 적나라하게 안다면 결혼에 이르기 어려울 것이다.

확신을 주기 위해 배우자의 가치를 부풀리는 어느 정도의 기만은 용인되기도 한다. 결혼은 사랑과 진실만으로 성사되기에는 저울질이 불가피한 복합적 요인을 가진 제도이기 때문이다.

불륜은 이제까지 자신이 맡았던 역할을 내동댕이치는 배신으로 시작된다. 자신에 대한 배우자의 기대에 더 이상 부응하지 않겠다는 의미이기도 하다.

한쪽의 일방적 반란의 원인이 관계의 문제인지 개인의 문제인지 알아보자.

1. 부부 관계의 문제라면, 역할 조정도 필요하다.

☞ 부부의 결혼에 대한 신념을 살펴보아야 한다. 상호작용을 점검하고 보수해야 할 필요가 있다. 결혼에 대한 과한 기대나 잘못된 욕구가 있는지, 친밀도는 어떤지 알아야 한다. 관계를 해치는 나쁜 습관이 있는지, 배우자의 욕구를 얼마나 채워주었는지도 중요하다. 가정환경과 분위기와 원 가족과의 관계와 자녀 관계 등도 중요한 요인이 된다. 무엇보다도 그간의 부부와 가정의 역사를 살펴서 어디에서 균열이 생겼는지 등을 파악해야 한다.

2. 불륜자 개인의 문제라면, 냉정한 평가가 필요하다.

☞ 반성과 개선의 여지와 재발 우려 등이 있는지 차가운 가슴으로 냉정하게 판단해야 한다. 보통 두 문제가 복합된 유형이 대부분이지만, 더 큰 비중을 차지하는 것이 어느 쪽인지 살펴야 한다. 불륜자의 취약성에 의해 유발된 불륜이라면 반성이 있는지가 중요하다. 반성하고 죄책감을 느끼는 사람이라면 불륜이 실수로 처리될 수 있다. 일시적 일탈이었는지 장기적 관계였는지의 여부도 중요한 변수가 될 수 있다. 장기적 관계였다 해도 배우자에게 들통이 난 후 깨끗이 정리되는 불륜은 차라리 희망적이다.

일시적 관계가 강한 자극에 이끌려 포기하지 못하는 욕망이 되는 경우도 많다. 일탈로 시작한 관계가 정서적 관계로 발전하는 경우다. 깊은 친밀감이나 관계에 중독 증상이 있는 불륜의 경우 결혼 생활을 회복하기가 매우 어렵다. 결핍에 의해 반복되는 불륜도 성찰을 통한 자기 초월 없이는 멈추기 어렵다.

3. 단순히 성적 타락의 문제라면, 불륜의 원인을 성적인 문제로만 두면 대처에 실수가 뒤따를 수 있다.

☞ 법적 구속력이 있는 관계라는 권리의식이 도를 넘는 행패를 저지르게 한다. 추한 스캔들로 폄하하고 인격적인 경멸을

서슴지 않으며 도덕적 우위를 사수한다. 하지만 상처 입은 쪽의 생각과는 달리 불륜 사건의 수만큼 다양한 이유가 존재한다. 성적 타락에 의한 사건은 일부에 불과하다.

불륜에 대한 초기 대응의 실패는 많은 부작용을 초래한다. 불륜의 원인 파악이 안 된 대응은 마치 적이 어디에 있는지도 모르는 채로 전쟁에 임하는 것과 같다. 불륜자를 모욕하고 싶은 마음이 간절하겠지만 큰 숨을 들이쉬며 원인을 찾아야 한다. 그래야 엉뚱한 피해와 상처와 굴욕을 피할 수 있다.

배우자를 훤히 알고 있다고 착각하지 않기를 바란다. 배우자를 그렇게 잘 알고 있었다면, 이런 일은 벌어지지 않았을 것이다. 전혀 새로운 사람을 알아가듯 탐색하고 알아내어 제자리로 데려오는 게 급선무다.

자존심 회복이나 책임을 묻고 싶은 욕구는 불륜의 이유에 따라 처치가 달라진다. 그러니까 도대체 무엇 때문에 이런 일이 벌어졌는지를 알아내야 한다. 심판은 나중 문제다.

4. 바람난 배우자에게 주도권을 뺏기지 말라

"인생이 끝날까 두려워하지 마라.
당신의 인생이 시작조차 하지 않을 수 있음을 두려워하라."
- 그레이스 한센

의심이 사실로 밝혀지고 감정의 폭풍우에 휩싸여도 이 일을 해결할 사람은 당신뿐이다. 아무도 이 상황을 바로잡을 수 없다. 당신이 주도권을 쥐고 이끌어나가야 한다. 사건을 일으킨 당사자가 수습할 것이라고 기대한다면 더 큰 분노만 경험하게 될 것이다.

뒷일을 어찌 감당할지 계산이 있었다면 이런 상황이 오기 전에 해결이 되었을 것이다. 자신의 치부를 들킨 불륜자는 더 불안정한 상태라는 걸 알아야 한다. 그간에 자신이 쌓아온 모든 것을 잃을지도 모르는 상황에 처했기 때문이다.

불륜자는 용서받을 가능성과 반격에 대해 살피느라 이타적으로 상황을 대처하기 어렵다. 자신의 선택에 대한 원망과 멸시를 견디는 게 쉬울 리 없어서 애써 상황 정리를 한다는 것이 대충 덮고 넘어가려는 시도로 비춰기에 십상이다.

배신감에 고통받는 배우자의 모습이 자신을 벌주기 위해

과장하는 것처럼 오인하기도 한다. 가족이 한통속이 되어 약점 잡힌 자신을 가혹하게 대하는 것이 억울하기도 하다. 엎질러진 물이 되어 도저히 해결 방법이 없는 것처럼 절망하기도 한다.

서로의 상황을 비교해볼 때 그래도 상처 입은 배우자의 처지가 나을 수 있다. 원망할 대상이라도 있으니 말이다. 덫에 걸린 짐승처럼 빠져나갈 궁리만 하는 불륜자가 수습할 수 있는 상황이 아니라는 것을 수용해야 한다. 수용되고 오직 자신만이 해결할 수 있는 일이라는 자각이 들면 반은 성공한 것이다.

현실을 수용하기까지가 너무나 힘든 과정이다. 자신의 가치관에 맞지 않는 현실을 어떻게 받아들여야 할지 몰라 많은 에너지를 쓰기 때문이다. 해결하려고 노력을 하는 것이 옳은지도 확신이 서지 않을 것이다.

이때 당신이 선택한 전문가와 함께 자기조절 능력을 작동시켜야 한다. 격동하는 감정과 섣부른 선택의 위험에서 벗어날 수 있도록 지지받아야 한다. 혼란스러운 상태에서 벗어나 현실을 냉정하게 볼 수 있도록 말이다.

아무리 불륜자가 미워도 함부로 대해선 안 된다. 인간의 존엄이나 그간의 정리 때문이 아니라 자칫 불륜 상대가 구원자 역할을 맡게 되기 때문이다. 자신이 저지른 일에 대한 원망과 수치감에 휩싸인 불륜자는 절박한 심정이 된다. 자신이 평가 절하되는 현실을 담담히 견디기는 누구라도 힘들다. 사태가 악화할수록 불륜자는 절망감에 빠져 본능적으로 행동하게 되는데, 둥지를 찾듯 누구든 자신을 품어줄 사람을 찾게 된다.

불륜자가 느끼는 스트레스를 과소평가하지 말라. 도저히 이해할 수 없는 행동도 서슴지 않을 만큼 크다. 사태를 악화시킬 것을 알면서도 불륜 상대를 다시 찾게 되는 이유가 된다.

자신의 불륜으로 고통받는 당신을 보면서 죄책감 갖기를 기대하는 건 모순이다. 그때의 감정은 진정한 죄스러움이 아닌 수치감일 뿐이다. 처참하게 무너져내리는 배우자를 보며 연민 대신 환멸을 느낀다는 것을 알아야만 한다. 자기중심적 사고가 사태를 더욱 악화시킨다.

상처 입은 배우자들은 종종 착각에 빠진다. 자신은 배신을 겪었기에 무너져야 하고 불륜자는 백배사죄를 할 것이라는 착각이다. 혼비백산하여 당연히 불륜 상대를 정리하고 정신을 차릴 것으로 생각한다. 불륜 상대는 두려움에 떨며 처분을 기다리며 수치스러움에 떨 것이라고 생각한다. 물론 그런 사람들도 있다. 그들은 아무리 모욕당해도 용서를 빌며 불륜 상대를 정리하고 제자리로 돌아오려 애쓴다.

문제는 모두가 그러는 건 아니라는 것이다. 기대와 다르게 재빨리 안식처를 찾아 위로를 얻는 사람들도 많다. 불륜 상대는 배우자에게 시달리다 도망쳐온 연인을 사랑이 가득한 구원자의 모습으로 반긴다. 모든 모욕과 수치감이 온전히 받아들여지고 사랑은 더욱 절절해진다. 불륜이 운명으로 바뀌는 순간이다.

극한 스트레스에서 탈출해 맛보는 안식은 가정도 버릴 만한 유혹이 된다. 자신의 고통에 빠져 어쩔 줄 모르는 사이 이런 일이 벌어진다. 처참하게 무너져내리는 배우자를 외면하고 안식을 주는 상대를 선택하는 일이 일어난다. 불륜 상대는 우월감을 누리며 구원자의 역할을 맘껏 즐긴다.

당신의 생각을 점검하고 조심스럽게 감정을 살펴보아야 한다. 자아도취적 상태에서 빨리 벗어나야만 한다. 당신이 감정에 빠져 허우적거리는 시간이 많아질수록 들불처럼 번져갈 것이다. 상대가 어떤지를 알려고 하기 전에 자신의 상태를 먼저 알아야 한다. 스스로 다음 질문을 하는 동안 불륜자에게 품위 있게 행동하자.

당신에게 가장 중요한 것은 무엇인가?
당신이 가장 원하는 것은 무엇인가?
당신은 무엇 때문에 가장 괴로운가?
당신의 삶을 위한 최선의 선택은 무엇인가?

교활한 배우자 도둑에게 당신의 인생을 무너뜨릴 권한 따윈 준 적이 없음을 알게 하고 감히 당신의 자리를 넘볼 수 없게 하자. 당신의 배우자에게 해야 할 당신의 역할을 누군가 대신 하도록 하지 말자. 섣부른 분풀이로 그들만의 불륜에 기름을 끼얹지 말자. 당신이 선택할 때까지 얌전히 자기 자리를 지킬 수 있도록 무례하게 굴지 말자.

모든 결정은 당신이 내리고 그들은 그 결정을 따르는 역할을 해야 한다. 극한의 상황을 품위 있게 견디고 나면 당신은 놀랍도록 성숙해질 것이다. 고통이 당신을 강하고 지혜로운 사람으로 성장시킬 것이다.

5. 불륜자의 태도에 따라 대처하는 방법도 달라져야 한다

가난한 남편: 당신이 나한테 해준 게 뭐야!
부자 남편: 돈이 다가 아니야!
정력 센 남편: 당신은 나를 노리개 취급했어!
정력 약한 남편: 당신은 날 만족시키지 못했어!
자상한 남편: 당신은 너무 쉬워서 재미없어!
무뚝뚝한 남편: 당신이 자상했다면 내가 그랬겠어?
부자에 정력 좋고 자상한 남편: 내가 너무 못나 보여서 불륜했어.
- 아내가 외도한 이유 中

불륜자의 태도에 따라 대처하는 방법이 다르다. 모든 사람이 다르듯 사례마다 적용하는 방법이 다를 수밖에 없다. 불륜 사건의 수만큼이나 적용 방법이 다르다고 해도 과언이 아니다.

상처 입은 배우자들은 다른 가정의 사례를 참고하는 실수를 범한다. 인터넷의 바다에 전설처럼 떠도는 이야기와 자신의 사례를 동일시한다. 많은 사람이 근거 없는 설화 때문에 피폐해진 상태로 상담을 요청해온다. 세상에 떠도는 끔찍한 일들이 마치 자신에게 일어날 것 같은 공포에 사로잡혀서.

반성하는 불륜 배우자 : 함께 더 나은 미래로 나갈 수 있다

자기 잘못을 시인하고 반성하는 사람은 불행한 상황 중에서도 다행스러운 사례다. 이들은 자신의 잘못으로 벌어진 상황에 대해 죄책감을 느낀다. 죄책감은 타인에 대해 미안함이다. 그들은 비록 실수했지만 빠르게 상황을 종료하고 배우자에게 다시 신뢰받기 위해 노력한다. 배우자에게 고통을 준 것에 대해 진심으로 미안해하며 적극적으로 사죄한다. 자신의 실수가 가정을 무너뜨리게 될 것을 두려워한다. 불륜 상대와 확실하게 선을 그으며 분리하고 배우자의 의혹을 해소하기 위해 협조한다.

Focus --

이들은 가정에 불만이 있어서 불륜에 빠졌다기보다는 일탈일 가능성이 크다. 우연한 계기로 호기심에 사로잡혀 저지르게 되는 경우다. 불륜 중에도 죄책감을 느끼고 관계를 정리하기 위해 나름의 노력을 하기도 한다. 불륜이 밝혀지게 되면 도리어 안도감을 느끼고 배우자를 잃을까 몹시 두려워한다. 배우자의 요청이 있다면 상담에도 흔쾌히 응하고 관계를 회복하기 위해 애쓴다. 배우자가 겪는 끔찍한 고통을 보며 다시는 실수하지 않을 것을 다짐하고 노력한다. 뼈아픈 실수를 통해 가정의 소중함을 되새기고 더 좋은 배우자가 된다. 상처 입은 쪽이 성숙한 배우자라면 고통을 딛고 더 견고한 가정으로 발전하는 기회로 삼는다.

불행히도 그렇지 못한 경우, 불륜자의 반성이 분노에 불을 지르는 빌미가 된다. 가정을 떠날 의사가 없음을 확인하게 되면 배신에 대한 엄청난 분노를 거침없이 분출한다. 불륜자가 어떤 선택을 할지 불안을 느낄 땐 억제되던 분노가 안도감을 발판 삼아 터져나온다. 불륜자의 반성이 가정의 회복으로 연결되지 못하고 제어되지 못한 감정 폭발은 악순환이 된다. 불행히도 불륜자는 결국 용서받지 못하고 가정 또한 결코 회복하지 못한다.

Guide---
배우자가 용서를 빈다면 용서하기 위해 모든 노력을 기울여야 한다. 만약, 제어하기 힘든 감정 때문에 고통스럽다면 전문가의 도움을 받아야 한다. 감정의 소용돌이에 빠지면 혼자 이성적으로 제어하기 어렵기 때문이다. 부정 정서의 원인을 찾다 보면 자신의 취약성도 알게 된다. 더 고통스럽게 느끼고 넘어서지 못하는 이유가 있기 때문이다. 비록 큰 잘못을 저질렀지만, 진심으로 뉘우치는 배우자는 용서해주어야 한다. 그것이 당신의 존엄을 지키는 가정을 지키는 유일한 방법이므로 당신의 마음이 그것을 가로막는다면 마음 작업을 해야 한다.

적반하장 불륜 배우자 : 지옥 끝까지 갈 수 있다

가정을 뒤흔드는 사건을 일으켰음에도 불구하고 전혀 반성하지 않는 사람들이 있다. 이들은 가정이 위험에 빠진 상황보다 자신의 욕구를 더 중요하게 생각한다. 불륜이 밝혀진 것에 대해 도리어 화를 내고 책임을 전가하는 사례가 많다. 난감한 상황을 어쩔 줄 몰라 유아적으로 반응하는 사람들이 있다. 이들은 인격이 성숙되지 않아 자신의 잘못을 시인하고 어른스럽게 대처할 수 없다. 배우자의 고통에 공감하지 못하고 화를 내며 자신을 방어하는 데 급급하다. 별일이 아닌 것처럼 상황을 축소하기 위해 임기응변하고 쉴 새 없이 거짓말한다.

불만족스러운 결혼에 대한 반발심으로 불륜을 저질렀다며 반성하지도 않고, 자신의 불륜이 어쩔 수 없는 일이었다고 항변하기까지 한다. 배우자가 채워주지 못한 자신의 욕구를 나열하며 죄책감을 느끼도록 유도한다. 모든 책임을 배우자에게 전가하고 자신이 도리어 피해자인 것처럼 행동하면서 죄책감을 느끼지 않기 위한 자기방어기제를 발동한다.

Focus --

결혼과 배우자에 대한 기대를 점검하고 자신의 잘못된 생각을 알게 되면 반성하기도 한다. 안타깝게도 대다수는 자기 생각에 사로잡혀 자기성찰에 꼭 필요한 상담에 불응한다. 만약, 어떤 계기로 생각의 전환을 하게 되면 성실한 배우자로 변하기도 한다. 불행한 결혼을 끝내기 위해 불륜을 선택한 사람 또한 완고한 태도로 잘못을 인정하지 않는다.

실은 고통받는 배우자를 보며 미안한 생각이 들어도 결코 미안하다고 하지 않는데, 자신의 결심이 흔들릴 것이 두렵기 때문이다. 이런 경우 차갑고 이성적인 모습으로 결별을 요구한다. 오랜 시간 점차 결혼 생활에 환멸을 느끼고 이별하기 위해 불륜을 진행했기 때문이다. 이들은 이혼해도 불륜 상대와 결실을 보는 경우는 드문데, 불행한 현실에서 벗어나기 위해 극단적인 선택을 한 것일 뿐이라서 그렇다.

Guide --

적반하장 불륜자는 배우자를 더욱 고통스럽게 한다. 이들에게 상대에 대한 예의나 배려는 찾아보기 힘들다. 배우자가 자신의 경제력에 의존하고 있거나 정서적으로 기대고 있는 경우가 많다. 자신을 필요로 하는 배우자가 결국 떠날 수 없을 것이라는 자신감이 있다. 이들은 배우자의 가치를 낮게 여기고 무시하면서 죄책감 없이 자기의 욕구를 채운다.

당신이 상황을 주도적으로 변화시킬 수 없다면 그런 배우자는 되돌릴 방법도, 고칠 수도 없다. 다만, 당신을 떠나지도 못할 사람으로 무시하는 이유가 대체 무엇인지 찾아야 한다. 물론 그 이유를 없애야 모욕에서 벗어날 수 있다.

갈등하는 불륜 배우자 : 성숙하고 단호한 권위로 가정을 지켜내라

불륜이 드러난 후 마음을 정하지 못해 혼란스러워하는 사람들도 진정한 사죄를 하지 않는다. 이들은 자신의 불륜이 몰고올 파장을 감내하고서라도 가정을 지켜야겠다는 생각이 없다. 행복한 결혼 생활이 아니었다는 증거지만 딱히 새로운 길을 찾겠다는 생각도 없었던 경우다. 우연히 깊은 관계로 발전되는 불륜에 빠지게 되어 어떤 것을 선택해야 할지 모르게 된 것이다. 이런 사람들은 배우자에게는 큰 미련이 없지만, 함께 이룬 가정과 자녀들에 대한 미안한 마음은 있다. 불륜 상대와 정서적 유대감을 형성한 불륜자는 양쪽에 쥔 떡을 비교하며 쉽사리 결정을 내리지 못해 망설인다.

Focus --

이럴 때, 배우자가 거세게 반발하면 불륜자를 불륜 상대에게로 쫓아내는 결과를 낳는다. 가정을 팽개칠 수도 있을 것이라는 예상을 하지 못했던 배우자는 뒤늦게 사태를 파악한다. 연인이 기다리고 있는 상황의 불륜자는 자신의 욕구 충족에 대한 가능한 기대감이 있다. 실현 가능한 기대감은 자존심을 고양시키는데, 이때 자신이 누릴 수 있는 권리를 포기하기란 쉽지 않다. 권태에 빠진 배우자가 자신을 함부로 홀대하면 실현 가능한 욕구 충족을 위해 왜 도망가지 않겠는가?

Guide --

갈등하는 배우자를 보는 당신은 참담한 심정이 되어 관계를 내다 버리고 싶어질 수 있다. 이기적인 계산을 하면서 반성은 커녕 저울질당하는 현실에 자존감이 무너질 수 있다. 그럴 때는 배우자의 권위로 제자리로 돌아올 것을 요청한다. 함께 이룬 소중한 것들을 기억할 수 있도록 지혜를 발휘하자. 망설이는 불륜자가 이성적인 판단을 할 수 있도록 좋은 태도를 유지하자. 서두르지 않고 의연하게 상황에 대처하는 당신의 모습을 보며 당신의 장점을 떠올리게 하자. 코너로 몰아넣어 당신을 물어버리게 할 필요는 없다.

무슨 일이 있어도 감정의 소용돌이에 빠져 침몰해서는 안 된다. 상황을 수습하고 가정을 지켜내려면 이제까지의 자신을 뛰어넘는 도약을 해야 한다. 일반상식에 머물던 고정관념을 뛰어넘어 초월의 시선으로 보아야 한다. 상황에 코를 맞대고 있는 한, 결코 답을 찾을 수 없다. 자신이 성장해낸 높이만큼 답을 찾을 확률도 높아진다. 불륜자의 잘못을 조목조목 따질 시간에 자신을 키워내야 한다. 당신이 상황을 수용하고 그에 맞는 적절한 대응을 할 수 있게 되면 고통은 당신의 훈장이 된다. 어떤 상황이 와도 너끈히 이겨낼 수 있는 통 큰 어른이 되는 것이다.

6. 존엄을 지킬 수 없다면 이혼이 답이다

"사람들이 당신에 대해서 악평한다면,
아무도 그들의 말을 믿지 않도록 살아라."
- 플라톤

결혼을 끝까지 유지하는 것이 성공한 인생은 아니다. 아무리 노력해도 희망이 보이지 않는 관계가 있다. 장애 수준의 심리적 문제를 가지고 있거나 비합리적 사고에 갇힌 배우자가 있다. 연애할 때는 뚜렷하게 보이지 않거나 극복할 수 있었을 거라고 믿었던 배우자의 이런 결점들로 인해 결혼 생활 내내 고통받는다. 사랑받을 권리만 외치고 진실한 관계를 맺지 못하는 이들은 상대를 병들게 한다. 수만 가지의 명분을 가지고 있다고 해도 당신의 존엄이 훼손되고 있다면 다른 답도 고려해야 한다. 당신의 존엄이 지켜질 수 없는 자리에서는 가정도 자녀도 건강할 리 없기 때문이다.

불륜자가 반성이나 자기성찰도 없이 불륜을 지속하는데도 가정을 지키겠다는 배우자가 있다. '아이들을 위해서' 라는 그럴듯한 변명을 하는데, 사실은 불충실한 배우자에게 의존하는 자신을 인정할 수 없기 때문이다. 이런 사람은 불륜자만큼이나 심리가 취약한 경우가 많다. 건강하지 못한 두 사람이 건강하지 못한 상호작용의 악순환을 벗어나지 못하고 갇혀 있다. 서로 증오하고 원망하면서도 결코 분리되지 못하고 상황을 개선하지도 못한다. 권위를 잃은 배우자는 불륜자의 반복되는 불륜에 기여자가 되고 만다.

현재 희망 없는 결혼에 의존하고 있다면 원인을 찾아야 한다. 어떤 결정을 내리기 전에 먼저 자신을 점검하고 보수해야 한다. 배우자의 불륜에 자신이 기여한 바가 있는지 진지하게 살펴보고, 결혼 생활이 왜 그토록 힘들었는지 알아내야 한다. 그 과정이 몹시 고통스럽겠지만, 당신이 모르던 자신을 마주해야 한다. 서로가 어떻게 상대의 취약성을 자극하는 상호작용을 했는지 알게 될 것이다. 자신의 취약성이 어떻게 자기 삶에 걸림돌이 되었는지도 알게 될 것이다.

희망 없는 결혼에 매여 자신을 팽개치고 자녀들을 방치하는 것에 비하면 이혼이 나은 답이다. 따라서 이혼에 대해 필요 이상의 막막함이나 절망감을 가질 필요는 없다. 이혼이 자녀들에게서 부모를 빼앗는 일인 것처럼 생각해 죄책감에 사로잡힐 일도 아니다. 이혼은 가족이 해체되는 것이 아니라 재편성되는 것이기 때문이다.

함께하지는 않지만, 각자에게 최선의 자리를 찾아 협력 관계가 되면 된다. 함께 사는 게 목적이 아니라 잘 사는 게 목적이 되어야 한다. 전쟁 같은 삶을 함께 사는 것보다 평화롭게 각자 사는 양육 환경이 자녀에게 더 이롭다. 한쪽 부모와 살아도 안정감을 느낄 수 있다면 자녀들은 건강하게 잘 자란다.

이혼해야만 한다면 명심해야 할 일이 있다. 특히, 자녀가 있다면 소중한 자녀를 위해 꼭 지켜야 할 일이다.

첫째, 원수 사이로 남지 않는다.

아무리 불성실한 배우자였다 해도 원수가 되어 이별해서는 안 된다. 불륜자의 행실을 생각하면 평생 인연을 끊고 남이 되어 살고 싶겠지만 참아야 한다. 자녀가 있는 한, 둘 중 한 사람이 세상을 떠나기 전까지는 끝이 날 수 없는 인연임을 알아야 한다. '님'이라는 글자에 점 하나 찍어 '남'이 되어 연이 끊기는 것이라 해도 자녀들과는 결코 남남일 수도, 끊을 수도 없는 관계이기 때문이다. 이 사실을 외면하는 바람에 훗날 고통을 겪는 자녀들을 보며 후회하는 일은 없어야 한다.

둘째, 죄의식을 갖지 않는다.

아무리 엉망인 결혼 생활이라 해도 자식을 생각하면 끝장을 내는 것은 힘든 일이다. 자녀에게 큰 상처를 주고, 앞날에 치명적인 결함이 될까봐 두렵다. 하루라도 안 보면 눈에 밟히는 존재가 자식인데, 이혼으로 헤어져 지내게 된다면 하루하루가 걱정될 것이다. 자녀가 부모의 이혼을 오해하고 편견을 갖고 거리감을 가질까봐 두려워하기도 한다.

무조건 이혼이 답은 아니지만, 절대로 이혼이 안 되는 것도 아니다. 이혼도 자녀를 위한 하나의 선택지가 될 수 있다. 천륜은 인간의 힘으로 떼어낼 수 있는 것이 아니다. 지금 부모와 자녀가 떨어진다고 하더라도 남의 자식이 되는 것은 아니다. 죄의식, 죄책감을 가지고 헤어지더라도 자녀가 성장하여 어른이 되면 어른의 눈높이에서 당시 부모의 이혼이 최선이었음을 깨닫고 이해하게 된다.

이혼으로 애증의 고리를 끊고 부족한 채로의 서로를 받아들이는 노력이 필요한 이유다. 함께 자녀를 생산한 대단한 인연을 함부로 대하지 말고 우호적 관계가 되도록 노력하자. 못난 배우자가 자녀들에겐 둘도 없는 부모이고 커다란 자원임을 결코 잊어서는 안 된다.

배우자의 불륜은 의심 단계부터 하늘이 무너지는 듯한 큰 충격을 느끼기 때문에 서둘러 확인하고 싶어한다. 물론 아니라는 확인을 받고 싶은 마음으로 서두르는 것이다. 아침까지 기다릴 수가 없어서 술에 취해 잠든 배우자를 흔들어 깨워서 증거를 들이밀며 유도 심문을 한다.

그러나 이는 아무런 준비 없이 대형 사고를 마주하는 것과 같다. 이미 이성의 끈을 놓아버린 마음은 사건을 무자비하게 파헤치며 관계에 독을 뿌린다. 느닷없이 광란하는 배우자를 대하는 불륜자는 생존 본능적 거짓말로 횡설수설하며 상황을 키운다. 아무런 준비 없이 터트린 폭탄은 순식간에 당신의 가정을 위협하고 치명상을 입힌다.

불륜자의 공범자를 찾아내는 데 성공한 사람은 광기에 사로잡힌다. 막연했던 사건의 실체가 돌이킬 수 없는 실화가 되기 때문이다. 그토록 궁금했던 상대의 정체가 밝혀지면 상황은 더욱 난잡한 삼류 포르노그래피가 된다. 배우자가 주인공인 생생하고 자극적인 포르노그래피가 당신의 머릿속에서 종일 쉬지 않고 방영된다. 그 영상은 정지시킬 수도 꺼버릴 수도 없다. 이 때문에 두 범죄자에 대한 잔인한 복수를 꿈꾸게 된다. 자신의 머릿속에 역겨운 영상을 틀어놓은 상간자를 향해 가능한 모든 수모를 쏟아붓는 것이다.

불륜한 배우자에게 실망하는 것은 당연하다. 실망으로 인해 고통스러운 감정이 생기는 것도 당연하다. 그러나 감정이 이끄는 대로 행동하는 것은 옳지 않다. 고통에 처하면 자신이 느끼는 감정이 자신인 것처럼 생각될 수 있다.

분명한 것은 격한 감정의 상태에서 하는 행동은 치명적인 실수를 하게 만들며, 대체로 부작용이 심하다. 불륜한 배우자를 통제하고 싶은 욕구는 결혼을 유지할 생각이든, 이혼할 생각이든 도움이 되지 않는다. 불륜자는 이미 규범을 깬 사람이다. 통제를 허용할 리 없다.

'호랑이굴에 물려가도 정신만 똑바로 차리면 살아나올 수 있다'고 했다. 당신이 가장 피하고 싶었던 순간을 마주했을 때가 바로 정신을 똑바로 차려야 할 때다. 오만가지 생각이 당신을 사로잡아 감정의 소용돌이 속으로 밀어넣겠지만, 버텨야 한다. 이를 깨물고 정신을 가다듬고 마음을 진정시키고 냉정하게 대처해야 한다.

지금은 죄를 물어야 할 때가 아니고 무엇이 이런 상황의 원인이 되었는지를 찾아야 할 때다. 피해자 역할로 당신이 얻을 것은 값싼 동정뿐이다. 고통스럽지만 절대 죽지는 않는다. 감정을 다스리고 당신 앞에 펼쳐진 숙제를 잘 해내자. 더 지혜롭고 성숙한 사람이 되기 위한 과정일 뿐이다.

불륜을 겪는 당신이 꼭 알아야 할
7가지 지침

1. 감정이 태도가 된다

분풀이성 감정 표현으로는 아무것도 해결할 수 없다. 배우자의 불륜으로 당신이 느끼는 온갖 감정은 잘못된 것이 아니다. 그러나 그 감정에 대해 어떻게 행동할 것인지 선택하는 것은 오롯이 당신 책임이다. '상대의 잘못 때문이니 상대에게 감정을 쏟아 내는 게 당연하다' 는 생각에 속아선 안 된다. 어떤 일이 있었어도 당신의 분노가 정당하다는 논리는 자기중심적 사고의 발로일 뿐이다.

분노는 잘못을 저지른 상대에게 벌을 주는 게 당연하다는 심리에서 비롯된다. 그 잘못된 믿음이 돌이킬 수 없는 후회를 낳는다. 당신의 품위를 손상하고 당신이 소중하게 생각하던 것들을 잃게 만든다.

G는 둘째 아이 출산 후 산후 조리를 하던 과정에서 남편이 사내 불륜중이라는 사실을 알게 되었다. 돌이켜보니 언뜻 이야기를 들은 기억이 있는 사람이었다. 집이 같은 방향이라서 남

편 차에 두 명이 더 카풀을 하며 기름값을 나누어낸다는 카풀 멤버 중 여직원이었다. 장거리를 출퇴근하느라 기름값 지출이 만만치 않던 차에 절약할 기회가 생겨 잘된 일이라고 생각했다. 둘째 출산을 앞두고 남편이 알뜰해지는 것 같아 대견스럽기도 했다.

불륜 사건이 밝혀지자 G는 분노했다. 산후 회복도 하지 못한 상태에서 듣게 된 청천벽력 같은 소식에 절망했다. 자신은 힘든 몸으로 남편과 큰아이 뒷바라지하느라 힘들 때 바람이나 피우고 있었다니, 부기도 빠지지 않은 채 울다 지친 자기 모습을 보니 초라해 견딜 수 없는 감정이 북받쳐올랐다. 도저히 가만히 있을 수가 없어 미칠 것만 같은 심정으로 시댁과 친정에 상황을 알리자, 두 집안이 그야말로 난리가 났다.

G는 배신감에 휩싸여 울부짖으며 어쩔 줄을 몰랐다. 그저 모든 것이 무너진 기분이 든 G의 상황은 시간이 지날수록 나빠지고 있었다. 신생아는 엄마 품에 안길 수조차 없었다. 사죄하는 남편의 얼굴과 몸은 아내의 손찌검으로 멍이 들었다. 사죄는 받아들여지지 않았고, 날이 갈수록 벌은 가혹해져 갔다. 똑같은 추궁이 거듭 반복되고 시한폭탄 같은 감정 폭발이 이어지면서 가족 중 그 누구도 G를 달래고 진정시킬 수 없었다.

결국, 산후조리원에서 쫓겨나듯이 집으로 돌아오던 날 남편은 가출을 감행했다. 본가로 피신한 남편에게 차마 입에 담을 수도 없는 폭언이 전화와 문자 메시지로 빗발쳤다. 며느리 편이 되어주려 애쓰던 시댁 식구들은 이를 지켜보며 점차 싸늘해졌다.

남편도 더 이상 잘못을 빌지 않게 되면서 점차 변해갔다. 아내에게 받은 인신공격과 모욕이 죄책감을 없애주었다. 무너지는 아내의 모습은 충격적이었는데, 아내가 내뱉던 거친 언사와 행동은 평소에 상상도 못 했던 것이었다. 자신의 실수를 뼈저리게 후회하지만, 고통스러워하는 아내에 대한 연민은 싸늘하게 식어갔다. 우리가 사랑해서 결혼한 사이가 맞는지 회의가 들기까지 했다. 어쩌면 아내의 저런 독한 점들이 자신을 유혹에 빠지게 한 것 같다는 생각에 이르렀다. 자신이 결혼했던 사람이 이 정도밖에 안 되는 사람이었다는 것이 새삼 놀라웠다.

생각해보니 결혼 생활 동안 자신은 의무만을 강요당한 것 같았다. 둘째를 임신한 후로는 더욱 심해졌다. 자신의 요구는 거절당하기 일쑤였고 모든 건 아이 위주로 선택되었다. 부모로서 당연한 일로 여겼고 불만을 느낄 줄도 몰랐지만, 돌이켜보니 부당한 생각이 들었다. 아내에게 방치되었던 시간이 선명하게 떠올랐다. '자신을 외롭게 하던 사람, 그저 아이들의 엄마이기만 했던 아내'라는 생각은 자신의 실수를 정당화시켰다. 그렇게 따지고 보니 자신이 더 피해자라는 생각이 들었다. 더는 당하지 않겠다는 각오를 하며 마음을 다졌다.

남편의 태도 변화는 시댁 어른들의 며느리 평가에도 영향을
미쳤다. 아들이 결혼 생활 동안 부당한 대우를 받았다는 사실
에 화가 났다. 아들의 실수에 대한 며느리의 태도를 보니 그
럴 법하다는 생각이 들었다. 성정이 저렇게 포악한 줄은 몰랐
다. 아무리 마음이 상했다고 해도 위아래 없이 분풀이하자고
덤비는 모습에 실망하던 차였다. 사돈의 은근한 압력도 내심
속이 상하고 불쾌했다. '오죽했으면 착하기만 한 아들이 잠시
한눈을 팔았을까' 싶은 생각에 시간이 지날수록 속이 상했다.
이번에 잡힌 약점 때문에 아들이 처가와 며느리에게 앞으로
얼마나 시달리며 살게 될지 걱정되었다.

G는 눈앞에 벌어지는 상황을 믿을 수가 없었다. 산후 조리도
제대로 하지 못하며 심신이 만신창이가 되어 괴롭기만 한데
자신이 가해자 취급을 받고 있었다. 남편은 그렇다 쳐도 시댁
식구들의 태도가 돌변한 것이 더 큰 상처가 되었다.
남편이 잘못한 일에 대해 따끔하게 야단치며 정신을 차리게
해주실 줄 알았다. 상처받아 화풀이 좀 하는 것 정도는 당연
히 이해해주실 줄 알았다. 누구라도 이런 상황이면 어쩔 수
없을 텐데, 뭘 얼마나 분풀이했다고 심하다고 하는 건지 도저
히 받아들일 수가 없었다.

부부의 일이 양쪽 집안의 일로 확대되었다. 친정의 노골적인

불만도 시댁에 전해지면서 서로가 '자식 교육' 운운하며 감정 싸움으로 번져갔다. 남편은 연락을 두절하고 소식마저 끊어 버렸다. '아이들이 있는데 설마' 했던 일이 실제로 벌어지고 말았다. 부부는 뒷전으로 밀려나고 집안의 싸움이 되어 걷잡을 수 없는 상황이 되었다.

그제야 G는 뭔가가 잘못되었다는 것을 깨닫게 되었다. 자신이 바란 건 이런 게 아니었다. 남편이 다시는 이런 실수를 하지 못하도록 부모님들의 훈계가 필요했을 뿐이다. 아이가 둘이나 있는데 연락을 끊어버린 남편의 태도를 믿을 수 없었다. 한 번도 상상해보지 못한 상황에 놓여 망연자실하고 말았다.

놀랍지만 빈번하게 발생하는 일이다. 누구나 자신의 배우자가 일으킨 불륜이 가장 파렴치하다고 생각한다. 그 때문에 자신이 커다란 분노를 뿜어내는 것은 당연하다고 느낀다.

행여라도 자신의 고통받는 모습이 무시될까 두려워 점점 더 수위를 높여 표현한다. 자신의 고통이 만족스러운 사죄와 보상을 끌어내야 하기 때문이다. 다시는 꿈도 꾸지 못하도록 취한 극적인 조치가 도를 지나쳐 파국을 부르고 만다. 감정에 치우쳐 한 행동이 불리한 상황을 초래하고 만다.

어느 순간 불륜자가 피해자가 되어 도리어 이혼을 요구한다. 자기 잘못을 용서받지 못할 것으로 생각하고 파국을 선택한다. 상처받은 배우자는 뒤늦게 후회하지만, 상황을 돌리기는 어렵다. 부부 관계뿐 아니라 양쪽 집안의 깊은 골을 메우기는 쉽지 않다.

상처받은 아내의 의도는 충분히 이해되지만, 행동은 지혜롭지 못했다. 아내의 자기중심적 태도는 이해받지 못했고 오히려 자신의 가치만을 떨어뜨렸다. 절제되지 못한 감정 표현은 모든 관계에 독이 된다. G의 대응에 남편과 시댁은 낙담했다. 감정을 조절하지 못하는 미성숙한 태도가 비관적인 미래를 보여주고 만 것이다.

가정을 지키려면, 아내의 굳은 결심이 필요하다. 피해자 역할을 과감히 버려야 한다. 남편을 용서하고 가정을 지킬 의지가 있음을 시댁과 남편에게 거듭 보여야 한다. 치밀어오르는 대로 감정을 휘둘러서는 결코 상황을 통제할 수 없다. 감정을 다스려 이성의 뒤를 따르게 해야만 한다.

'왜 나만 노력해야 하느냐'고 묻는다면 당신이 가정을 더 소중히 여기기 때문이라고 하자. 과거와 현재와 미래를 모두 고려해서 당신을 위한 최선의 선택을 위해서 말이다. 마음대로 성질을 부리는 게 결코 자존심을 지키는 일이 아님을 마음 깊이 새겨야 한다.

2. '나' 에서 '우리' 의 문제로 푼다

　자기중심적 관점으로 상황을 보면 최선이 아닌 최악을 선택할 수 있으므로 애써 두 사람의 좋았던 기억을 떠올려야 한다. 배신을 경험하면 믿었던 시간이 소환되어 검열받기 시작하는데, 어디에서부터 어떤 불순한 일이 있었는지 샅샅이 수색당한다. 다시는 같은 일을 겪지 않기 위한 피해자의 몸부림이다.

　함께 했던 지난날은 변색하여 깎아내리기 쉽다. 좋았던 기억은 뒷전이 되고 의심이 묻은 기억은 색출되어 각인된다. 현재 상황까지 이르게 된 시나리오를 완성하기 위해 관련된 기억만 모여 재편집된다. 이해할 수 없는 사건을 납득하기 위함이지만 아름다운 기억조차 폐기되고 마는데, 관계를 살리는 중요한 자원까지 버리게 되고 만다.

　46세 Y는 유능한 직장인이자 야무진 살림꾼이며 현모양처로도 손색이 없어 '슈퍼우먼' 이라는 칭송이 아깝지 않은 멋진 여성이다. 두 아이의 엄마이자 며느리로서 시댁의 사랑도 한 몸에 받고 있다. 무뚝뚝한 시댁 분위기를 일순간에 바꾸는 재주가 뛰어나 시부모님의 사랑을 독차지했다. 남들은 '시' 자만 들어도 머리가 아프다지만, Y에게는 친정보다 더 편안한 곳이다.

Y의 남편 사랑은 각별했다. 무엇하나 빠지는 게 없는 Y의 남편은 진중하고 어른스러운 사람으로 잘난 아내의 존경을 받기에 부족함이 없었다. 비록 큰 사업체는 아니더라도 부지런한 남편의 성실함과 반듯한 인성을 존경했다. 건강한 부부의 주변에서 많은 사람이 선한 영향을 받았다. 자녀와 일과 인간관계가 모두 만족스러운 삶이었다. 넉넉한 마음으로 주위를 돌보는 남편 덕에 지인들의 발길이 끊기지 않는 것이 불만이라면 불만이었다. 가족 위주의 삶을 원하는 Y가 느끼는 유일한 아쉬움이었다.

남편 친구 부부의 불화 소식은 어제오늘 일이 아니었다. 한량 같은 남편 때문에 속앓이하는 아내가 참지 못해 터트리는 불만 때문이었다. 한동안 잠잠한가 싶으면 어김없이 소동이 일곤 해서 Y의 남편이 중재를 맡곤 했다.

가장 친한 친구 부부라 이해한다지만, 어느 땐 심하다 싶었다. 늦은 밤에도 아랑곳없이 호출되곤 해서 여러 번 언쟁이 있었다. 그렇다고 Y가 대신 나설 수도 없는 문제라 불편한 채로 시간이 흐르는 중이었다.

어느 날, 남편의 친구에게서 만나자는 연락이 왔다. '부부 사이에 또 무슨 일이 생겼나' 하는 마음으로 나간 자리였다. 초췌한 모습을 한 남편의 친구는 떨리는 목소리로 Y의 남편이 자기 아내와 저지른 잘못을 고했다.

못난 자기 때문에 매번 불려와 시달리는 친구에게 미안했지만, 아내를 진정시키는 최고의 방법이었단다. 길길이 날뛰던 아내가 놀랍게도 친구의 말에는 금세 고분고분해졌다는 것이다. '친구의 반만 닮으라' 는 편잔도 별 뜻 없이 들어넘겼다고 했다. 우연히 아내의 휴대폰에 도착한 메시지를 보지 못했다면 짐작조차도 할 수 없는 일이었다.

문자는 며칠 전 밤늦게 있었던 소동 때문에 친구가 아내를 데리고 나간 날 밤에 있었던 일에 관한 내용이었다. 친구에 대한 아내의 절절한 마음이 장문으로 쓰여 있었다. 일시적 감정이 아니며, 아무것도 바라지 않을 테니 이대로 옆에 있어 달라는 구애의 내용이었다. 친구도 그에 대한 답장을 보낸 것까지 보게 되었다는 것이다.

Y는 도저히 믿을 수 없는 말을 하는 남편의 친구를 바라보았다. 그는 가정을 되살리기 위해 친구와 절연하고 자신이 변화할 것이라고 했다. Y에게 미안하다고도 했다. 못난 자신 때문에 친구와 Y에게 몹쓸 일을 겪게 했다며 고개를 숙였다. Y에게 남편을 잘 다독여 두 가정을 모두 살려보자고 했다. 서로

의 배우자를 용서하고 자녀들을 위해서라도 가정을 지키자고 했다. 그러나 Y는 자기 친구와 사랑에 빠졌다는 아내를 용서하겠다는 사람을 이해할 수 없었다. 왜 진즉 정신을 차리지 않고 이제야 변하겠다는 건지 어이가 없었다.

그 후로 Y가 겪은 일은 상상할 수 없던 일들이었다. 처참한 모습으로 남편이 사죄했지만, 더 이상 예전에 알던 자기 남편이 아니었다. Y가 뭐라고 하기도 전에 남편은 스스로 고통에 빠져 괴로워했다. 가장의 권위는 땅에 떨어지고 수치감에 휩싸여 정신이 나간 듯했다. 자신이 잃어버린 것이 억울해서인지, 아내에게 미안해서인지 알 수 없었다.

가정은 순식간에 벼랑 끝으로 내몰렸다. Y는 자신이 어떻게 대처하는 게 옳은 선택인지 의문스러웠다. 부족함 없던 결혼 생활에 왜 이런 일이 생겼는지 도무지 알 수가 없었다. Y는 그간 자신이 사랑했던 남편이 사실은 전혀 다른 사람이었다고 느껴졌다. 이 정도밖에 안 되는 사람을 자신이 과대평가한 것 같았다. 이제까지 자신을 속이고 좋은 사람인 척한 남편이 가증스러웠다. 가면을 쓰고 연기하느라 얼마나 힘들었을까? 그런 줄도 모르고 의심 없이 살아온 자신도 한심하게 느껴졌다.

불륜을 목격하게 되면 현재만 타격을 받는 게 아니다. 지나온 시간과 앞으로 다가올 모든 시간이 흔들린다. 잘 알고 있다고 믿었던 것에 대해 알 수 없게 되어 심한 혼란에 빠진다. 가장 믿었던 사람에게 사기당하고 뒤통수를 맞는 느낌이 드는 것도 무리는 아니다.

신실하다고 믿었던 사람이 저지른 짓을 실수라고 그냥 넘기기는 어렵다. 원래 나쁜 사람이 자신을 속인 것으로 받아들이는 게 인지적 부조화를 해소해준다. 그렇기에 자신에게 이런 일이 벌어진 것이라는 논리가 더 쉽게 성립된다.

'사람이 양심이 있다면 이런 짓을 벌일 수 있을까?'
'이미 도덕적 결함이 있었던 사람이 아니었을까?'

인격에 의혹을 품을 수도 있지만, 사실 사람은 이렇게 터무니없는 실수를 하는 존재다. 자신은 절대로 유혹에 빠지지 않을 것이라 맹신하던 사람도 마찬가지다. 너무 실망스러운 나머지 지난날과 다가올 미래가 오염된 것 같겠지만, 비약하지 말자.

실수가 있기 전까지의 그 시간은 존중되어야 한다. 아무리 큰 실수를 했다고 해도 과거의 진심까지 매도하지는 말자. 현실에 압도되어 과거와 미래를 포기하는 것은 현명하지 못한 일이다. 과거에 함께 만들었던 추억과 미래에 대한 가능성은 당신 삶의 귀한 자원으로 하나의 사건으로 무너져야 할 무가치한 것이 아니지 않은가.

Y의 가정은 지난날보다 더욱 성숙한 행복을 맛볼 수 있다. 이 사건이 부부를 성장시키고 가정의 소중함을 각인시킬 것이다. 작은 틈이 어떻게 행복을 위협하는지 뼈아프게 배웠을 것이기 때문이다.

3. 끝난 결혼이 불륜을 낳는다

배우자의 불륜으로 두드러지기는 했지만, 결혼 파탄엔 여러 요인이 작용한다. 이 주장은 상처 입은 배우자 입장에서는 변명으로 들리기 쉽다. 불륜자에게 면죄부를 주는 것처럼 받아들여 거칠게 항의하기도 한다. 고통스러운 상황이 벌어지면 누군가 책임질 대상을 물색하게 된다.

불륜자는 가정 파탄의 책임을 지우기에 더없이 훌륭한 적임자다. 그동안 억누르고 외면되었던 갈등이 중요한 다른 이유를 은폐한 채로 불륜을 앞세워 결혼을 종결지어 준다. 그로 인해 패러다임을 바꿀 기회가 의미 없이 버려지고 만다.

A는 결혼 8년 차의 전업주부다. 말로만 전업주부지 이런저런 투자로 직장인 못지않은 수익을 내는 재주꾼이다. 늘 활기찬 A였지만 정작 가정에서는 남편의 무관심으로 외로웠다. 연애 때는 잘 몰랐는데 남편은 혼자 있기를 좋아하는 성향이었다. 마치 결혼으로 모든 숙제를 다 마친 듯 무미건조한 삶이

이어졌다.

외향적인 A는 사람들과 어울리면 에너지가 충전되는 기분을 느꼈다. 활력이 넘치는 A는 모임의 주축이 되어 점점 더 외부 활동이 늘어났다. 무거운 분위기의 가정에서 만족감을 얻기 힘들었기 때문이다. '아이가 없었다면 이혼했을 것' 이라는 말이 은연중 새어나오기도 했다.

남편은 내향적인 사람이었지만, 성실하고 책임감이 강한 사람이었다. 그러나 직장에서 인간관계에 어려움을 겪고 있었다. 회사에 있는 동안 이런저런 눈치를 보며 일하느라 집에 오면 그저 혼자 조용히 쉬고 싶었다. 맞지 않는 사람들과 감정을 숨기고 좋은 척 사회생활을 해야 하는 게 고역이었다. 퇴근 후 자기들끼리만 밤늦도록 어울리다 다음 날 직무에 태만한 동료들도 꼴 보기 싫었다. 무엇보다도 이번 승진에서도 누락이 되자 퇴사를 생각하고 있었다. 혼자서 할 수 있는 사업이 무엇이 있을지 찾아보느라 다른 곳에 신경 쓸 여력이 없었다.

두 사람의 사이를 이어주고 있는 유일한 끈은 아들뿐이었다. 아내는 남편과 공유하는 게 없는 삶에 지쳐갔고 남편은 밖으로만 도는 아내가 불만이었다. 남편이 컴퓨터 방에서 홀로 잠드는 시간이 잦아지더니 각방을 쓰게 된 지도 오래였다.

자연히 잠자리도 자취를 감추었다. 언젠가 남편이 혼자서 욕구를 처리한 흔적을 보게 된 후로는 역겹고 배신감이 들어 눈조차 마주치기가 싫어졌다. 아직도 젊기만 한 자신을 방치하고 혼자서 욕구를 처리하는 남편에게 화가 났다. 남편을 대할 때마다 불쾌한 상상이 떠올라 얼굴이 굳어졌다. '아들만 아니라면 당장 헤어질 텐데'라는 생각이 주문처럼 되뇌어졌다. 간신히 결혼이 유지되고 있었다.

아내의 불륜에 대한 남편의 태도는 체념적이었다. 이런 일이 일어날 것을 예상했다고 한다. 크게 분노하거나 원망도 없었다. '이럴 줄 알았다'는 자조 섞인 말 몇 마디가 전부였고, 그런 남편을 보는 아내가 도리어 분노했다. 자신을 이런 상황으로 밀어넣은 것은 남편이라고 몰아붙였다.

남보다도 못한 취급을 하는 남편 때문에 너무 외롭고 비참했다는 아내를 바라보며 남편은 파렴치한 변명을 한다고 느꼈다. 자신이 파김치가 되어 돌아오면 아내가 얼마나 무심하게 대했는지가 떠올랐다. 그래도 자신은 한눈을 팔지는 않았다고 항변했다.

이 부부는 앞으로 어떻게 될까?

결론부터 말하자면, 두 사람의 상호작용 패턴을 바꾸지 못한다면 이혼하는 게 나을 수 있다. 아니, 결국 이혼으로 갈 것이다. 아이를 위해 일정 기간 참고 결혼을 유지할 수도 있겠지만 결국 아이는 성장할 것이다. 경제력을 갖춘 아내는 사랑받지 못하는 관계를 내내 참지 않을 확률이 높다. 자신이 가정파탄자로 낙인찍혀 눈치 보며 살아야 하는 삶을 결코 받아들이지 않을 것이다. 수치감에서 벗어나기 위해 자신을 유혹에 무방비 상태가 되도록 방치한 남편과 이별하기 쉽다. 남편 쪽에서는 아내의 불륜을 가정 파탄의 원인으로 내세울 것이다.

그렇다면, 남편에게는 아무런 잘못이 없을까?
바람피지도 않았고 경제 활동도 했으니 남편의 도리를 다한 것일까?
아내가 바람필지도 모른다고 생각하면서도 개선의 노력을 하지 않은 것은 어떤가?
자신의 힘든 처지를 아내와 나누었다면 어땠을까?
자신을 이해시키고 외출을 자제해달라고 요청했더라도 이런 일이 생겼을까?

남편은 어쩌면 아내의 불륜에 암묵적으로 동조했을 수도 있다. 자신은 차마 먼저 끝낼 수 없는 결혼을 아내의 불륜을 통해 끝내고 싶었을지도 모른다. 어쩔 수 없던 일이라고는 할 수 없을 것이다.

남편이 자신에 대해 아내에게 이해를 구했다면, 사정은 많이 달라졌을 것이다. 최소한 남편에게 무시당하는 아내라는 피해의식을 키우게 하지는 않았을 것이다. 또한, 아내도 자신의 욕구를 말할 수 있었을 것이다. 찾아보면 남편의 태도에도 분명 원인이 있겠지만, 가정 파탄의 책임에서 벗어날 수는 없다. 자신의 상황과 입장을 제대로 설명해 주지도 않으면서 독심술을 쓰듯 알아주기를 바라는 것은 어불성설이다. 아내가 위태롭게 흔들리고 있는 걸 아는데도 시험하듯 두고만 보지 않았어야 했다.

결국, 남편이 예상한 대로 아내를 이끌어간 결과가 아닌가?

관계를 위해 기초부터 다시 쌓아보자. 자신의 원하는 바를 표현하고 상대와 조율하는 과정을 연습하자. 무엇이든 말로 자신의 상황과 감정, 원하는 것 등을 표현하는 연습이 필요하다. 요구하는 바가 있으면서도 알아서 해주길 바라는 것은 현실 불가능한 욕심일 뿐이다.

4. 관계를 망치는 사소하지만 중요한 것들

자신의 배우자를 만만하게 생각하는 오만방자한 사람들이 있다. 이들은 자기 좋은 대로 결혼 생활을 하는데, 부부 관계나 가족보다 언제나 자신이 우선이다. 물론 자신이 하는 일은 모두 가족을 위한 일이라고 포장한다. 가족이 자신에게 뭔가를 더 요구하면 몹시 화를 내며 원망한다. 자신이 알아서 해주는 것에 만족하지 않고 주제넘는다고 생각한다.

이들의 특징은 자기가 배우자보다 더 우월하다고 생각한다는 것이다. 자신이 아니면 다른 대안이 없는 사람으로 배우자를 평가절하한다.

B는 오 남매 중 셋째딸로 각별한 자매애 속에서 부족함 없이 자란 사람이다. 공부도 잘하고, 온순하고 원만한 성격으로 친구들 사이에 인기도 높았다. 나무랄 데 없이 제 앞가림 잘하는 B는 모두의 사랑과 호의 속에서 안정적인 성장기를 보냈다. 착실히 준비한 대입 시험을 통해 원하던 대학에 입학하여

설레던 대학 생활을 시작하였다.

K는 까칠한 분위기의 복학생으로 연예인이라 해도 믿을 만큼 수려한 외모의 소유자였다. B는 첫눈에 반하는 기적을 경험했다. 한 학기 내내 온갖 우연을 동원한 B는 결국 K의 여자 친구가 되었다.

바라던 사랑을 쟁취했지만, 종잡을 수 없는 K의 기분을 맞추기가 어려웠다. 어떤 상황에서 기분이 나빠지고 화가 나는지 알 수가 없었고, 묻는 말에 속 시원한 대답을 들을 수도 없었다. K의 표정이 굳어지면 B의 심장이 쪼그라들며 온몸이 긴장했다.

모임에서는 자기 멋대로인 K를 대신해 주변을 챙기기 바빴다. 친구들은 모두 B의 연애를 원망했다. K 때문에 친구들과 마음 놓고 시간을 보낼 수도 없었기 때문이었다. 헤어지라는 친구들의 압력과 K의 짜증 섞인 이별 위협 사이에서 힘든 연애가 지속됐다.

힘들었던 B의 연애는 속도위반을 하면서 K와 결혼까지 이어졌다. 결혼 준비기간도 전쟁 같기만 했다. 여장부인 시어머니와 동생 사랑이 끔찍한 시누이의 의견이 우선이었다. 이미 만삭이 다 되어가는 B에 대한 배려는 어디에도 없었다. 혼전임신을 실수 취급하는 분위기 속에서 준비하는 결혼이 행복할 리 없었다.

부모님 대신 혼수 준비를 돕던 언니들의 한숨이 깊어갔다. 빠질 것 없는 동생이 천덕꾸러기 취급받으며 결혼하는 것이 마음에 걸렸다. 시댁이 요구하는 혼수의 규모도 도저히 맞추기 힘든 수준이었다. 어디에도 빠지지 않을 동생이 혼전임신으로 남자 발목 잡은 여자 취급을 받는 게 화가 났다.

B의 편이 되어주지 않는 남편은 정말 남의 편이었다. 방관자처럼 겉돌기만 했다. 남편을 불러 타일러보려고 시도했던 언니는 결혼을 다시 생각해보라고 했다. 아무래도 잘못된 결혼 같다는 걱정 어린 조언에 B는 암담했다. 자신도 직접 겪어보니 시댁과 잘 융화해서 살아낼 자신이 점점 없어졌다. '내가 어쩌다 여기까지 왔을까' 후회도 들었지만 이미 돌이킬 수 없는 일이었다.

첫아들이 태어난 후 시댁의 간섭은 더 심해졌다. 귀한 손자에 대한 이런저런 주문이 끊이지 않았다. 남편은 직장생활에 열의가 없었고, 급여가 적어 매달 어머니의 보조를 받았다. 결국 카페를 물려받으면서 직장을 그만두었다. 카페를 운영하는데도 따로 시어머니의 보조를 받아야 했다. 생활비를 받을 때마다 온갖 눈치와 잔소리는 B의 몫이었다. 손자만 낳고 함께 일을 해서 재산을 일구지 않고 두 딸을 더 낳았다며 대놓고 불평했다. 딸들이 차별받는 것도 속상한데 '돈 안 벌고 살림만 한다'는 구박까지 들었다.

삼 남매를 키우며 정신없는 육아에 지쳐갈 즈음 남편의 불륜을 알게 되었다. 상대는 결혼과 동시에 시어머니가 차려주신 카페의 매니저였다. 집에 돌아온 남편이 매니저와 전화 통화를 큰소리로 하는 바람에 알게 되었다. 그들은 일에 관한 내용이 아니라 마치 부부싸움을 하듯이 질척하게 싸웠다.

남편은 용서를 빌지도 않았고 오히려 B 탓을 하면서 이혼하자는 말로 입을 막았다. B는 남편과 함께한 13년 세월을 돌아보며 자신의 현실을 보았다. 자신을 존중하지 않는 남편과 시작부터가 잘못된 것 같았다. 늘 남편의 무례를 그냥 참아준 자신의 잘못이 분명하게 보였다.

자신이 사랑이라고 믿었던 것이 고작해야 집착에 지나지 않았다는 것을 인정해야 했다. 자꾸만 빠져나가려는 남편에게 집착할 수밖에 없었던 자신을 이해하게 되었다. 한 번도 사랑받지 못했고 앞으로도 결코 사랑받지 못하리라는 현실에서 이제야 눈을 떴다.

어떤 일이 벌어지면 그에 대해 막연하게나마 예견하고 있었다는 것을 알게 된다. 관계를 망치는 사소하지만 중요한 것들이 있다. B는 남편이 자신을 떠날까 두려워서 많은 부당함을 견뎠고 관계가 위험하다는 여러 사인을 외면하기도 했다. 어쩌면 진즉부터 눈치챘을 수도 있지만, 직면하는 게 두려웠을 것이다.

B는 사랑을 잃지 않기 위해 고수하던 자신의 수동적 태도를 바꿔야 한다. 부당함을 그냥 견디는 건 상대방의 나쁜 버릇을 강화하는 것이다. 남편에게 애정을 구걸하는 행동은 당장 그만두어야 한다. 남편의 사랑만이 자신의 가치 척도라고 착각하지 않아야 한다. 건강하지 못한 의존성을 버리고 자신을 존중하고 보호하는 법을 배워서 원래의 자신의 모습을 찾아 건강한 삶을 살아야 한다.

5. 정중함은 관계를 보호하는 에어백이다

　많은 부부에게서 서로에 대한 정중한 태도를 찾아보기 어렵다. 정중함이 없는 관계는 부부 갈등을 더욱 파괴적으로 이끈다. 당신의 결혼이 지켜지려면 잃어버린 정중함을 되찾아야만 한다. 아무리 극한 상황을 맞이해도 정중함을 잃지 않는 부부는 부작용을 최소화하며 답을 찾았다.

　친밀함과 무례함을 혼동하는 사람이 많다. 자신들의 부부 관계가 무엇이든 용납되는 가까운 사이라고 착각한다. 그러나 친밀함이 얼마나 쉽게 무례함으로 변질하는지 안다면 훨씬 더 주의를 기울일 것이다.

　쇼펜하우어는 정중한 태도를 "사회적으로 인정된 기만"이라고 했다. 서로의 결핍과 약점을 고의로 외면하자는 암묵적 합의라는 것이다. "속 빈 베개를 채운 공기가 충격을 완화시키는 것과 같다"고 했고, 빌헬름 부시 또한 "품위 있는 속임수"라고 표현했다.

속마음을 감추고 애써 예의 바르게 행동하는 것을 가식이라고 깎아내리는 사람이 있다. 이들은 자신의 감정 상태대로 상대방을 대하는 것을 '솔직함'이라고 우긴다. 감정이 관계를 해치지 않도록 조율하여 상대에게 전하는 것이 불가능하다고 생각하는 것이다. 이들은 정중한 태도를 비굴한 태도와 동일시하기도 한다. 하지만 결정적 순간에 취한 정중한 태도는 죽어가던 관계를 되살리기도 한다.

J는 남편의 불륜으로 가정이 파괴될 뻔한 경험을 했다. 부부 관계나 자녀들이나 안정되고 평안한 가정이었다. 남편의 불륜 상대는 J의 친한 친구였고 부부끼리도 친한 사이였다. 두 가정의 아이들도 한 형제나 마찬가지로 자라났다. 많은 추억을 함께 쌓았던 둘도 없는 친구가 남편의 정부였다는 사실이 밝혀졌다.
아빠의 핸드폰으로 게임을 하려던 아들이 그 둘의 은밀한 문자를 알게 된 것이다. 그들이 주고받은 추잡한 내용이 영상으로 문자로 적나라하게 드러나고 말았다. 한창 예민한 나이의 아들이 받은 충격은 이만저만한 것이 아니었다. J가 받은 충격도 엄청났지만, 아들의 상태가 더 염려되었다.

J는 도저히 어찌할 바를 알 수 없어 곧바로 상담을 요청했다. 남편은 곧바로 잘못을 인정하고 진심으로 사죄하며 태

도를 분명히 밝혔다. 부부는 함께 상황을 수습하기 위해 힘을 모았다. J는 놀랍도록 침착하게 상황을 수습해갔다. 남편에 대한 실망으로 괴로웠지만 자신의 태도와 결정에 따라 가정의 운명이 결정됨을 이해했다. 온 가족이 조심스럽게 상담에 임했다.

역할극을 하듯 자신이 맡은 역할을 하며 서로를 이해하려 애쓰는 시간이었다. 남편은 아들과 아내에게 온 마음을 다해 용서를 빌었다. 무릎 꿇은 아빠의 참회와 반성은 아들의 마음을 움직였다. J는 남편이 아버지의 자리를 다시 찾을 수 있도록 도왔다.

친구 부부와는 절연하였다. 친구의 남편은 J를 찾아와 눈물을 흘렸다. 어깨를 들썩이며 한참을 울다 마지막 인사를 하고 떠났다. 남편의 불륜만큼이나 잃어버리는 인연들이 마음 아파 J도 울었다.

난생처음 겪는 고통에 의연히 대처하느라 한순간도 긴장을 늦출 수 없었다. 자신이 흔들리면 가족 전체가 휘청였다. 하루하루를 이겨내느라 상담 시간은 내내 눈물바다가 되기 일쑤였다. 폭풍우가 지나가는 동안 J는 남편을 정중하게 대하며 자신의 사랑을 증명해냈다.

J는 훌륭한 태도로 가정의 위기를 막아냈다. 그 과정은 J를 더욱 성숙하게 했고 남편의 참회와 존경을 끌어냈다. 이보다

더 남편을 변화시키는 방법이 있었을까?

혹자는 '그렇게까지 해서 가정을 지켜야 하느냐'고 묻는다. '잘못은 남편이 했는데 왜 아내가 모든 고통을 감수해야 하느냐'고 억울해한다. 자존심을 지키는 게 가정을 지키는 것보다 우선이라고 맹신한다. '그 처지가 되면 끝장을 낼지언정 절대로 비굴하게 굴지는 않겠다'고 호언장담한다. 무엇을 위해 자존심을 지킨다는 것인지 본인도 잘 모르는 채로 말이다.

장담컨대 홧김에 이혼한 사람이 후회 없이 멋진 삶을 사는 것은 보지 못했다. 용서로 가정을 지켜낸 사람들은 멋진 삶을 산다.

6. 자녀도 알 건 알아야 한다

　부모의 부끄러운 일은 감추고 숨기기 쉽다. 부모의 권위를 잃을까 두렵고 상대는 자녀에게 전염될까 염려하기 때문이다. '부모의 일을 자녀는 몰라야 한다' 는 막연한 불문율이 적용되기도 한다. 뭔가 숨겨지는 느낌을 자녀도 모를 리 없다. 낮은 목소리로 속삭여지는 말과 굳은 표정의 부모는 자녀를 불안하게 한다. 괜한 상상으로 우울해지지 않도록 자녀의 수준에 맞추어 알려주어야 한다.

　자녀는 부모 불화의 원인이 자기 때문이라는 자책감에 사로잡히기 쉽다. 부모의 문제는 자녀와 아무런 상관이 없다는 것을 분명히 알려야 한다. 어떤 상황인지 알게 되면 자녀도 자책감이나 막연한 불안에 떨지 않을 수 있다.

　부모의 싸움을 겪는 자녀는 전쟁 통에서 생사를 위협받는 듯한 스트레스를 받는다. 고성이 오가는 환경은 두말할 것도 없고, 은밀하게 느껴지는 불화도 불안하기는 마찬가지다. 무슨 일이 벌어지는지 알 수 없어 온갖 나쁜 생각에 사로잡힌다. 나이가 많거나 눈치 빠른 자녀는 뉘앙스에서 불륜을 알아차린다. 집안을 가득 채운 원초적 원망과 분노를 어쩔 수 없이 탐지하고 이에 잠식당한다. 자신의 뿌리인 부모의 행실에 대한 수치심과 분노를 은밀하게 키워가게 된다.

숨기는 것보다 더 나쁜 건 왜곡된 사실이 전해지는 것이다. 부부가 감정싸움에 휘말려 있는 상태라면 서로의 관점을 자녀에게 강요하기 쉽다. 입장을 변명하기 바쁜 불륜자는 자녀의 마음에 동정심을 불러일으킨다. 피해자 쪽은 정의를 부르짖으며 자녀에게 심판자가 되기를 요구한다. 고통스러운 일이 벌어진 것에 대한 책임 소재를 분명히 하기 위해 각자 나름대로 필사적이다. 자녀로부터 받는 평가가 가장 중요한 잘잘못의 기준이 될 것이라는 걸 알기 때문이다.

불화하는 부부는 자녀의 평가에 따라 결혼 생활 동안의 역할을 점검받는다. 그 누구보다도 자녀의 증언은 부부의 평판에 영향을 미친다. 아이의 무심한 말 한마디는 중요한 단서가 되어 서로를 공격하는 구실이 된다. 공격받은 상대 부모는 아이를 추궁하기 시작하는데, 회유하고 위협하기도 하며 절박하게 아이를 자기편으로 만들려 애쓴다.

어떤 아내는 일이 벌어진 순간부터 아예 자녀들과 차단하는 것으로 즉시 벌을 내린다. 당연하게도 아이들이 자신의 편이 되어 불륜자를 심판하리라 생각하는 것이다. 그 어디에도 자녀를 위한 배려는 없다. 자녀들은 불화하는 부모 사이에서 상처 입고 병들어간다.

자신들의 상황에 함몰되어 역할을 감당하지 못하는 부모들이 많다. 부모가 자녀의 울타리가 되어주지 못해 위험에 그대로 노출되고 만다. 성장기에 겪는 가정의 불화는 정서적 취약성이 되어 삶에 그림자를 드리운다. 부모가 갈등에서 헤어나오지 못하는 모습은 자녀에게 무기력함으로 전승된다.

갈등을 조율하는 법을 배우지 못해 갈등 앞에서 절망하거나 도망치는 수동적인 자세로 살게 된다. 가정의 슬픈 역사가 세대를 이어가면서 영향을 준다.

감정과 자기 생각을 빼고 사실만을 얘기해주자. 자녀와 나이와 수준에 맞추어 상황을 객관적이고 적절한 말로 전하도록 하자. 좋은 분위기가 되도록 당신의 감정을 잘 조절해야 한다. 자녀가 여럿이라면, 한 명씩 따로 시간을 내어 편안한 장소에서 전하는 게 좋다.

불안해하지 않도록 충분히 안심시켜 주고 부모의 보살핌은 변함이 없다는 것을 알려 준다. 부모의 불화에 자녀의 잘못은 전혀 없다는 것을 강조한다. 자녀는 자기 잘못이 부모의 불화에 무언가 역할을 한 것 같은 두려움에 빠지기 쉽다. 부모는 전능한 존재가 아니라 연약하지만 노력하는 존재라는 것을 알려주면 된다. 갈등을 지혜롭게 잘 다루는 모습을 보여주는 기회로 삼자.

7. 당신의 해방을 위해 선택해야 할 것

　지금까지 당신의 삶은 당신의 의지와 상관없는 많은 일에 영향을 받으며 이어져왔을 것이다. 그중 배우자의 불륜은 가장 고통스러운 경험으로 심각한 스트레스로 남았을지 모른다. 평생 지울 수 없을 것만 같은 상처를 지우고, 당신의 해방을 위해 선택할 수 있는 딱 하나의 방법이 있다.

　당신의 삶이 고통에서 벗어나 다시 온전해지기 위해 '용서'를 선택하는 것이다. 당신의 용서가 상대를 자유롭게 하는 게 아니라 당신을 자유롭게 할 것이다. 용서는 당신을 붙잡고 놓아주지 않는 파렴치한 상대로부터 완전히 벗어나게 해 준다.

　상처 입은 배우자는 불륜자가 다시는 같은 짓을 반복하지 못하도록 잘못을 각인시키려 애쓴다. 뼛속 깊이 새겨져야 하기에 잠시라도 그 못된 짓을 잊을까 되풀이해서 상기시킨다. 자신이 허락하기도 전에 죄책감을 벗어던지지나 않는지 예리하게 감시한다.

관계를 잃을까 두려워 선택한 방지책이 도리어 상대와 자신을 옭아매는 포승줄이 된다. 과거에 사로잡혀 결혼이라는 사슬에 묶인 채로 고통을 이어가는 것이다. 고통을 동반하고 찾아온 삶의 전환점에서 다음 단계로의 문을 찾지 못해 맴돈다.

헬렌 피셔에 의하면 불륜을 겪은 후 이별하지 않는 부부는 다음 세 가지 중 하나의 유형이 된다고 한다.

첫째, 과거에 사로잡혀 끝나지 않는 고통에 사로잡히는 유형이다.

어떤 이유로든 결혼 관계를 유지하지만 용서하거나 잊지 않는다. 불륜자가 아무리 사죄하고 용서를 빌어도 절대 받아주지 않는다. 이들은 불행에 사로잡혀 서로를 원망하면서도 습관처럼 결혼이라는 감옥에 함께 갇힌다. 불륜에 이르게 된 경위나 그를 통한 깨달음에 대해서는 전혀 고려하지 않는다. 더 나은 삶이 있다는 사실도 받아들이지 않고 익숙한 불행 속에서 삶을 허비한다.

둘째, 엄청난 노력을 기울여 예전의 삶으로 돌아가는 유형이다.

자칫 결혼이 깨질 수도 있었다는 사실만으로도 두려워한다. 이들의 결혼은 각고의 노력으로 예전의 모습을 되찾는다. 이전의 잔잔했던 일상으로 돌아가는 것이 목표이고 함께 가정을 지켜낸다. 불륜 이전의 결혼 생활에 큰 불만이 없었고 서로에 대한 헌신을 소중하게 생각한다. 개인의 욕구보다 공동체의 삶이 더 중요하고 가치가 있다고 생각한다. 회복을 서두르느라 상처 입은 배우자의 상처를 충분히 돌보지 못하는 경우가 생긴다. 진정한 용서라기보다는 잃을 게 많은 결혼을 지키기 위해 희생양이 되기도 한다.

셋째, 함께 고통을 통과하면서 관계를 성찰하며 성숙해지는 유형이다.

이들은 불륜의 원인을 집중적으로 탐구하고 반성한다. 고통스러운 사건은 인식의 전환을 불러오며 관계와 개인을 새롭게 변화시킨다. 결혼에 대한 의미와 삶에 대한 가치관이 재해석된다. 갈등 속에서도 서로를 향한 배려와 개선을 위한 노력을 쉬지 않고, 상황을 해결하기 위해 적극적으로 전문가에게 도움을 요청한다. 불륜의 원인은 이해받고 상처 입은 배우자는 진심으로 보살펴진다. 눈부신 성장으로 인해 고통스러운 사건은 의미 있는 추억이 된다.

고통스러운 사건에 매이지 않기 위해서는 그에 관련된 모든 것에서 한두 발짝 떨어져 몸에서 힘을 빼고 바라본다. 호흡을 가다듬으며 눈을 가로막고 있는 선입견의 필터를 걷어내고 여러 각도에서 보아야 한다.

자신의 관점만을 고집하지 않도록 노력하고 현상에 대한 원인을 파악해야 한다. 벌어진 일에 대해 감정적일 수밖에 없다는 고정관념을 버려야 한다. 상황을 파악한 후 목표를 정하는 과정에 감정은 방해꾼만 될 뿐임을 명심해야 한다. 어떤 결정을 내리든 용서는 필수 과정이다.

가정을 지키기로 결정했다면 더 나은 관계가 되기 위해 용서해야 한다. 최소한 같은 일의 재발을 막기 위해서라도 용서는 필수다. 불륜을 용서하면서까지 지키기로 한 결혼 생활이 이전보다는 나아야 지킬 가치가 있다. 이 간단한 원리를 이해하지 못해 불화를 반복하다 불륜이 재발하면 불륜자만 덤터기를 쓴다.

빈틈이 있었기에 발생한 일이 처방도 없이 저절로 괜찮아질 것이라는 기대는 착각일 뿐이다. 상호작용의 패턴을 점검하고 보수해야만 재발을 막을 수 있다. '불륜한 사람이 잘못된 것이지 원인 따위가 어디 있느냐'고 항변하고 싶을 수 있겠지만, 핑계 없는 무덤이 없듯 원인 없는 불륜도 없다.

결국, 관계를 끝내기로 했다면 더더욱 용서가 필요하다. 모든 자원을 총동원하며 유지했던 결혼을 끝내는 것은 그만큼 상대의 가치가 없다는 뜻이다. 결혼이 끝나는 것은 대기업이 부도를 맞는 것과 마찬가지다. 당신의 인생 최대의 투자가 무위로 끝나는 것이다. 자녀가 있다면 어마어마한 부채를 떠안는 결과까지 더해진다.

이제 삶의 재건을 위해 써야 할 당신의 에너지를 무가치한 사람을 위해 쓰지 말아야 한다. 상대를 위해 에너지를 써야 한다면, 오직 더 나은 관계를 위해서만 사용해야 한다. 그것이 당신의 존엄을 지키는 길이다. 아무 가치 없는 일에 당신의 자원을 낭비해 당신 삶이 손상되지 않기 위해 용서해야만 한다.

실망스러운 상대와 함께해온 시간도 당신의 귀중한 역사다. 결과가 어찌 되었든 지난날의 모든 시간까지 매도하지 말아야 한다. 도저히 극복할 수 없는 분노 때문에 괴로워하고 있다면 그 구렁텅이에서 벗어나도록 노력해야 한다. 그 일에서 해방되어야 당신의 삶이 제자리를 찾을 것이다. 당신은 소중하고 존중받아야 할 존재라는 것을 스스로 깨닫고, 당신 자신을 위해 용서를 택하자.

당신의 삶에 가장 격렬한 감정의 소용돌이를 경험하는 일이었을 것이다. 그토록 다양한 감정들이 있는 줄도 처음 알았을 것이다. 처음 경험하는 감정들의 뒤엉킴으로 인해 삶이 고통스럽게 느껴졌을 것이다. 그래서 그 감정들을 상대에게 내던지는 게 마땅한 일처럼 느껴진다. 상대는 순순히 분풀이를 당해주어야 할 것처럼 생각하기도 한다. 당신이 겪은 고통에 대한 대가를 기꺼이 치를 정도의 양심은 있는 사람으로 생각하면서 말이다.

그런 기본적인 기대조차도 불가능한 것이 배우자의 불륜이다. 불륜자는 자기 잘못이 드러난 상황에서 방어 태세가 되기 때문이다. 배우자의 고통보다는 자신이 처한 상황이 더 급박하기 때문이다.

불륜자는 고통스러워하는 배우자의 모습에 죄책감보다는 수치감을 느끼기 쉽다. 수치감을 느끼는 사람은 죄를 뉘우칠 여력이 없다. 수치감은 자신을 향한 고통스러운 감정으로 타인을 향한 감정인 죄책감과 공존할 수 없다. 둘 다 감정에 압도되어 갈팡질팡하면서 관계에 비수를 꽂게 되면 상처만 커진다.

중심을 잡는 역할은 상처받은 당신이 더 잘할 수 있다. 당신이 옳은 방향으로 결론이 나도록 열정을 가라앉히고 냉정한 이성으로 유도하는 게 합리적이다. 의연히 관계를 개선하기 위해 노력하면 불륜자도 방어를 풀고 당신을 따를 것이다. 당신의 의도가 건설적이라는 게 확인되면 불륜자도 진심 어린 용서를 빌 수 있게 된다. 당신의 가치를 인정하고 참회할 기회가 되기도 한다.

5장

불륜에 빠진 그때 알았더라면
좋았을 것들

1. 불륜은 미친 짓이다

불륜에 빠진 이유에 대해 많은 변명거리가 있을 것이다. 배우자의 냉담함이나 배우자 가족의 부당한 대우로 인한 결혼 생활의 고단함 등일 수 있다. 당신의 외로움과 공허감 같은 정서적 결핍이 당신을 몰아붙였을지도 모른다. 뒤늦게 만난 운명의 상대 때문일 수도 있다.

이유가 무엇이든 불륜은 결국 미친 짓이었음을 실토하게 될 것이다. 무엇을 기대했든 또 무엇을 각오했든 결과적으로 당신의 예상보다 큰 대가를 치러야 하기 때문이다. 그때쯤 당신은 욕망이 저지른 사태를 바라보며 무릎을 꿇거나 도망을 쳐야 할 것이다. 가족의 생생한 고통을 어찌 감당해야 할지 알 수가 없어서 말이다.

당신의 배우자에게 당신 외의 대안이 없다는 것이 당신을 이기적으로 만든다. 배우로서의 자신의 가치가 더 높다고 느끼기 때문에 더 누릴 자격이 있다고 생각하는 것이다. 얄팍한 자본주의가 부부 관계에 적용된다. 가정 안에서 자신의 기대만큼 충족이 되지 않는 것에 대해 분개하며 보상받으려 한다. 자신의 상태를 제대로 알려 주지도 않으면서 상대가 알아서 맞춰주어야 한다고 기대한다.

결혼 생활이 행복하지 않은 이유가 배우자 때문이라고 생각해서 대안을 찾아 헤매다닌다. 당신이 당연하게 기대하던 것들이 배우자에게 전달된 것이 아니라면 단지 망상에 불과할 뿐이다. 그에 대한 일차적 책임은 당신에게 있다.

당신의 배우자는 자신이 선택할 수 있었던 많은 가능성 중에서 당신을 선택한 사람이다. 자신의 가장 좋은 시절을 당신과 함께하기 위해서 말이다. 당신이 아니었다면 이런 고통을 겪지 않아도 좋은 사람과 더 나은 결혼을 했을 수도 있다. 당신은 좋은 배우자가 돼줄 것이라고 약속하고 믿게 했을 것이다.

배우자는 당신을 믿고 함께하는 삶을 위해 노력했을 것이다. 다른 대안이 있는지 두리번거리지 않고 자신의 선택을 옳은 것으로 믿었을 것이다. 비록 서툴고 부족해도 더 큰 사랑으로 이해받을 수 있을 것을 믿었을 것이다. 당신이 비겁하게 속임수를 쓰는 바로 그때도 충실했을 것이다.

당신은 그 누구보다도 믿었던 사람에게 어떤 예고도 없이 폭탄을 던져버렸다. 배우자를 치밀하게 속이고 은밀한 속셈을 하면서 이런저런 꼬투리로 자신을 합리화하면서 말이다. 인생에서 최고의 순간을 투자했던 배우자는 당신을 선택한 대가로

부도를 맞고 말았고, 그 때문에 더욱 낮아진 자신의 가치를 회복할 방법도 찾기 어려워졌다. 당신이 아무리 특별하고 잘난 사람이라 해도 타인의 존엄을 짓밟고 욕망을 채울 권리는 없다.

이제 당신은 어떻게 보상할 것인가?
배우자의 기회를 뺏어버린 것과 속임수를 써서 파산시킨 것에 대해 보상해야 하는 건 알고 있는가?

당신은 자녀로부터 받던 존경과 신뢰를 잃을 것이다. 자신의 뿌리와 삶의 모델을 잃은 자녀는 혼란 속에서 방황할 것이다. 정서 DNA에 불륜이 각인되어 삶 속에 똬리를 틀 수도 있다. 자녀가 이성교제를 할 때 부모의 불륜이 자녀의 치명적인 결함이 되어 자녀의 앞날을 위협할 것이다.

부모의 부도덕은 자녀의 자존감에 치명적 영향을 미친다. 자신의 정체성에 대한 자부심을 잃고 부모의 부끄러움에 전염되기도 한다. 잘못한 부모가 받는 모욕과 원망이 고스란히 자녀의 무의식에 기록된다. 기억은 가시가 되어 깨닫지 못하는 사이 삶을 지배하는 어두움이 되고 만다.

당신의 가족들도 고통을 겪기는 마찬가지다. 당신의 부모님은 자식의 이기심 때문에 부끄러움을 느낄 것이다. 혹시 자식을 잘못 가르친 게 아닌지 지난날을 돌아보며 회한에 젖을 것이다. 부모님의 삶이 자식의 실수 때문에 신랄하게 평가받고 치욕을 당할지도 모른다.

자식의 배우자에게 죄인이 되어 마음이 옹졸해지기도 할 것이다. 힘든 마음이 방어적으로 되어 어른의 역할을 할 수 없게 될 것이다. 부모님이 열심히 살아온 세월이 웃음거리가 되는 수모를 겪으며 당신을 원망하게 될 것이다.

주변의 많은 인간관계도 이런저런 영향을 받는다. 부작용에 대한 대비가 있고 누구에게도 해가 되지 않는다면 사랑으로 인정받기도 한다. 그렇지 않다면, 어떤 변명도 할 수 없는 처지가 될 것임이 자명하다. 불륜으로 가정을 깨트린 추문이 빠르게 여기저기 떠돌게 될 것이다. 행복하게 만들어줄 것 같은 그 선택이 당신의 삶을 파괴한다는 것을 그때 알았어야 한다.

유혹 앞에서 당신은 어떤 태도를 지니고 있었는가?
당신이 지켜야 할 많은 것이 생각났었는가?
당신이 넘어버린 울타리 안으로 다시는 돌아올 수 없을지도 모른다는 사실을 아는가?

2. 상황을 빨리 정리하는 지름길

　불륜이 드러났다면 상황을 해결하기 위한 최선의 방법은 진실을 밝히는 것이다. 아마도 누구나 가장 두려워하는 방법이겠지만, 더 이상의 기만은 독이 될 뿐이다. 가정을 지킬 생각이라면 무엇보다도 배우자의 마음에 의혹을 남기면 안 된다. 아무리 작은 의혹이라도 순식간에 가정을 파괴해버리고 말 것이기 때문이다. 배우자가 더 궁금해하지 않도록 모든 것을 알려야 한다. 이제껏 혼자서만 알던 사실을 배우자도 알면서 자신에게 좋은 쪽으로 선택하게 도와주어야 한다. 혼자만 알고 통제해오던 결혼 생활에 배우자의 의견을 공평하게 반영해야 한다.

　배우자가 어떤 선택을 하든 달게 받을 각오를 하는 것이 마땅하다. 배신한 행위에 대해 참회하며 용서를 구하되, 강요할 수는 없다. 배우자가 끝내 이별을 원한다면 그 선택을 받아들여야 한다. 배우자를 탓하거나 도리어 원망하거나 앙심을 품어서는 안 된다. 이기적인 선택을 했던 사람들은 너무나 쉽게 또다시 이기적이 되기 쉽다. 당신의 이기심이 불러온 상황에 대해 또 다른 이기심으로 대처한다면, 배우자는 환멸을 느끼며 벗어나고 싶은 욕망에 사로잡힌다.

배우자가 살아갈 방향을 결정할 수 있도록 선택권을 주고 결정을 받아들일 태도를 취한다는 건 참회한다는 뜻이다. 배우자의 선택에 관여하면 할수록 반발과 경멸을 경험하게 될 것이다. 무엇이든 자기 뜻대로 하려는 당신의 태도가 역겨움을 일으키기 때문이다.

배우자는 그간의 결혼 생활 속에서 당신의 통제를 기억해내고 더욱 분노하게 된다. 예전엔 미처 몰랐던 부당함이 생생하게 부각되어 당신의 배우자로서의 가치는 더 떨어진다. 늦었지만 진실한 태도를 보이는 것만이 당장이라도 끝을 내고 싶은 당신의 결혼을 연장해주고 기회를 얻게 할 것이다.

사람은 누구나 강요받는 것에 반발한다. 특히, 자신을 기만했던 상대로부터의 강권은 정반대의 결과로 보복하기 쉽다. 감정의 소용돌이에 빠진 배우자를 반발하게 하면 둘 다 후회할 결말로 치달아간다. 배신당한 배우자는 상대의 요구에 가장 잔인한 방법으로 답하고 싶은 욕망을 느낀다.

차라리 결정권을 넘겨주고 열린 결말을 감당하겠다는 자세를 보여야 이성적인 판단으로 이끌 수 있다. 지금은 배우자가 선택할 시간이다. 그동안의 삶을 돌아보고 미래를 조망해보며 최선의 선택을 할 수 있도록 기다려야 한다.

결혼을 끝장내기 위해 다른 사람을 선택한 것이라면 그 또한 분명하게 밝혀야 한다. 배우자에게 일말의 미안함을 느껴 우유부단한 태도를 보이면 결과는 더 참혹해진다. 배우자는 당신의 진심을 알 권리가 있다.

진심을 숨기며 모호한 이중 메시지를 던지면 배우자는 극심한 혼란에 빠진다. 혼란스러움은 여러 가지 부정 정서를 만들어내고 심리적인 고통에 빠지게 한다. 가엾은 배우자를 이중 삼중으로 고문하는 것이다. 당신의 의사를 분명히 밝히고 배우자가 현실을 자각할 수 있도록 분명한 태도를 취해야 한다.

자신에게 유리한 상태로 배우자를 기만한다면 당신의 삶이 당신을 고발할 것이다. 아무리 약점이 많은 배우자라 해도 당신이 먼저 부정을 저질렀다는 사실을 잊으면 안 된다. 관계를 망친 책임이 둘 모두에게 있다고 해도 부정행위를 한 것은 당신이다. 당신의 책임이 더 클 수밖에 없도록 당신이 자초한 일이다.

파괴적인 결말에 대한 책임을 정당하게 져야 한다. 상처 입은 배우자에게 잔인하게 굴지 말자. 당신으로 인해 고통받는 배우자에게 보상을 아끼지 말아야 한다. 그것이 앞으로의 당신의 삶에서 걸림돌을 치우는 결과가 될 것이기 때문이다. 당신의 삶을 변호해줄 선의를 조금이라도 심어야 한다.

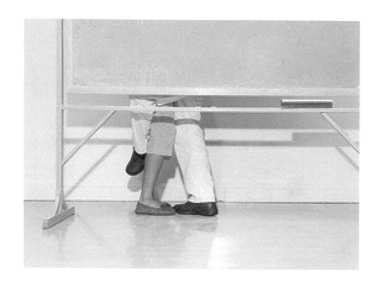

3. 진실 고백을 위한 리허설이 필요한 이유

윌리엄 블레이크는 "나쁜 의도로 말한 진실은 꾸며낼 수 있는 그 어떤 거짓말보다 나쁘다"라고 말했다. 불륜이 밝혀졌지만, 가정을 지키기 위해 노력 중이라면 알아야 할 것이 있다. 당신의 불륜에 대해 배우자는 궁금한 점이 많을 것이라는 사실이다. 그 질문에 대한 답이 배우자를 해치지 않도록 고백하기 위한 연습이 필요하다.

지금 당신의 배우자는 온갖 상상과 억측으로 심한 고통에 빠져 있다. 고통을 덜어주려면 불륜이 상상만큼 환상적인 러브 스토리가 아니었음을 알려야 한다. 특히, 불륜 상대가 별것 아니었다는 사실을 전해야 한다. 배우자는 자신에게 주었던 애정을 새로운 상대와도 나누었을 것이라는 상상으로 고통스러워한다. 자신이 더 이상 당신에게 제일 소중한 사람이 아니라는 바로 그 생각 때문에 가장 고통받는다.

두 사람이 성숙하고 이성적으로 대화할 수 있다면 좋겠지만 그러기가 쉽지 않다. 성적 정체성에 심각한 손상을 입었기 때문에 의도와 다르게 전해져 오해받기 쉬워진다. 배우자를 배려하느라 머뭇거리는 것이 불륜 상대를 보호하려는 것으로 오인된다. 같은 질문에 단어 하나만 바뀌어도 거짓말하는 것으로 인식된다. 당신의 미세한 움직임 하나까지도 의심받고 해명을 요구받는다.

　이런 과정은 혼자서는 감당하기 어려운 일이다. 과연 좋아지기 위한 과정인지 의문이 들고 자신을 방어하고 싶어진다. 당신의 노력이 에너지 고갈로 인해 무위에 그치고 만다.

　고통스럽기는 배우자도 마찬가지다. 너무나 간절히 믿고 싶지만, 도저히 믿음이 생기질 않는다. 자신의 믿음이 처참하게 배신당한 현장에서 어떻게 다시 믿음을 가질 수 있을까?

　해명하는 당신보다 더 당신을 믿어주고 싶은 간절함이 도리어 자존감을 갉아 먹는다. 애쓰는 자신이 초라하게 느껴지고, 이런 일을 겪고도 떠나지 못해 당신을 붙잡고 늘어지는 자신이 혐오스럽기도 하다. 믿지 못하는 자신을 당신이 싫어할까 봐 괴로워한다. 어긋나는 많은 생각 속에서 어떤 생각이 옳은 것인지 알지 못해 고통받는다.

　그래서 두 사람을 중재해줄 전문가가 필요하다. 두 사람은 각자 자신의 상태를 먼저 알아야 한다. 배우자의 상태를 아는 건 다음 문제다. 이 일이 자신에게 어떤 의미이고 어떤 결말을 원하는지, 자신도 미처 몰랐던 내면을 직면하고 오늘에 이르게 된 경위를 살펴야 한다. 자신에 대해 분명하게 알게 되면 상대를 이해할 힘을 갖게 된다. 상대에 대한 이해가 가능해지고 나면 관계를 회복하기 위한 질문과 답을 할 수 있게 된다. 자기중심적이던 사고가 공동체를 위한 사고로 전환할 수 있다. 가해자와 피해자의 감옥에서 해방되어 가족의 신분을 되찾는 것이다.

문제를 해결하기 위한 사전 작업을 통해 많은 변화를 경험하게 된다. 관계의 허점과 부정성을 발견하면서 자신의 부족함과 미숙함도 받아들이게 된다. 진실한 고백이 가능해진 것이다. 고백을 위한 연습을 충분히 하면서 변명을 위한 고백은 아닌지 원망하는 고백은 아닌지 자신의 의도를 점검해 보아야 한다.

고백은 정확히 불륜의 시작부터 끝까지의 과정을 고하는 것이다. 불륜에 대해 배우자가 모르는 것이 없어서 더 상상하지 않도록 하는 것이다. 그렇게 되면 배우자의 용서가 시작되면서 배우자의 고통이 끝나고 관계가 더 견고해질 수 있다.

단, 고백 과정에서 예외 사항이 있다. 성적인 자세한 내용과 묘사 등은 제외해야 한다. 그것으로 인해 배우자의 의혹이 해소되는 이점보다 트라우마로 남는 손해가 크기 때문이다. 고백을 위한 준비과정에서 배우자에게도 사전에 공지가 된다. 고백이 관계와 각자에게 도움이 되도록 조율하고 협의하는 것이다. 이 과정이 부부 관계가 살아나는 중요한 포인트다.

불륜자의 진심 어린 고백과 사죄가 수용받고 상처 입은 배우자의 고통이 통감되는 시간이다. 서로 멀어졌던 마음이 먼 길을 돌아 다시 연결되는 마법이 일어난다. 이 순간을 위해 두 사람이 각자의 마음을 갈고 닦으며 준비해온 것이다. 이 진실한 연결을 위해서 말이다.

실수 없이 최상의 결과를 얻기 위해 연습을 거듭하고 리허설도 준비한다. 두 사람은 사전에 조율된 내용대로 묻고 대답하며 화합의 단계로 나아간다. 실상 모든 협상은 사전에 마무리된다. 고백의 현장은 과거와 현재에 경계를 세우기 위한 의식으로 치러진다. 이를 위해 특별한 시간과 장소가 정해지고 두 사람은 새로운 관계로 첫발을 내딛는 것이다. 이 과정이 잘 된 부부들은 신혼 못지않은 열정을 경험하게 되는데, 하마터면 포기할 뻔했던 서로를 애틋하게 다시 사랑하게 된다. 사랑하는 것을 멈추지 않겠다는 진심 어린 언약이 세워진다.

가정을 회복할 생각이 없는 경우라 해도 끝까지 배우자에 대한 배려를 아끼지 말아야 한다. 중립적인 중재자를 통해 서로의 생각과 요구를 배려와 공정성을 잃지 않고 전해야 한다. 불륜으로 결혼을 떠나려는 사람은 잔인해지고 말아서, 불만족스러웠던 결혼을 벗어날 목적이 분명하기에 상대를 전혀 배려하지 않는다. 혹여라도 상대에게 붙잡혀 주저앉게 될까 두려워 일찌감치 가출을 감행하기도 한다.

상황을 직시하지 못하고 가정을 지키려는 배우자는 계속해서 상처를 입게 된다. 떠나려는 사람을 더 잔인하게 만든다. 이런 경우 현실을 깨닫게 하고 더 이상 상처받지 않고, 더 나은 자리를 찾을 수 있도록 도와야 한다.

끝내 가정이 해체된다고 해도 서로를 배려하며 정리된 관계는 각자의 삶을 돕게 된다. 결혼 생활이 끝났다고 해서 서로가 함께했던 시간까지 끝나는 것은 아니기 때문이다. 한때는 서로에게 가장 좋은 사람이었고 소중한 삶을 함께했던 관계였음은 사라지는 게 아니다. 그 시간은 서로를 형성했고 자라게 했으며 추억이 되었다.

다시는 돌이킬 수 없는 시간을 쓰레기통에 처넣을 필요는 없다. 삶을 함께 공유했던 사람을 원수로 만들어서 무엇이 좋겠는가? 자신의 지난날을 깎아내리는 것에 지나지 않는다. 주어졌던 시간 동안 맺었던 인연을 잘 갈무리하자. 자녀가 있다면 어차피 끝나지도 못할 사이다.

고백의 과정이 잘 이루어지면 관계 회복은 어려운 일이 아니다. 많은 부부가 회복을 선택하여 어긋난 결혼 생활을 바로잡아가며 살고 있다. 이혼에 확신을 갖고 임했던 부부도 전문적인 가족 상담과 지속적인 노력을 통해 결혼 생활을 원점으로 돌렸다. 벼랑 끝에 가서야 다시 찾은 사랑으로 인해 가정의 소중함을 깊이 깨닫게 된 것이다. 어리석은 실수로 끝날 뻔한 사건이 가정을 재건하는 계기를 만든다.

이런 사람들은 서로에 대해 얼마나 몰랐고 오해했었는지 놀라워했다. 서로를 가로막던 비합리적인 사고들을 걷어내고 상대를 바라보면 다시 사랑하게 된다. 불륜 상대는 배우자를 대신할 수 없지만, 배우자는 애인의 역할을 매우 열정적으로 더 멋지게 해낸다.

4. 반복되는 불륜에 빠지지 않으려면

당신에게 불륜은 어떤 의미인가?
당신이 불륜을 통해 얻고자 했던 것은 무엇이었는가?
당신에게 어떤 점이 선을 넘어서는 위험을 감수하게 했는가?

당신의 불륜이 탐구되지 못한 채로 있다면 삶은 계속해서 같은 사건을 되풀이하도록 할지도 모른다. 깨닫지 못하는 삶은 계속 반복되며 답을 찾도록 이끌어가기 때문이다. 누군가가 강하게 자신을 유혹했다거나 분위기에 휩쓸린 것뿐이라고 외부적 요인 때문이라며 속고 있을지도 모르겠다.

그러나 당신이 알아야 할 것이 있다. 대부분 다른 사람도 삶 속에서 여러 가지 유혹에 노출이 된다는 사실이다. 하지만 모두가 선을 넘어버리는 건 아니다. 대부분은 흔들리는 중에도 중심을 잡고 무사히 자기 자리로 되돌아간다.

당신의 불륜이 적당한 변명거리를 찾아 면책되지 않기를 바란다. 그 요행이 당신의 삶에서 반복되는 실수를 모두 구원해주지는 못할 것이기 때문이다. 무마된 듯한 사건은 씨앗이 되어 배우자의 마음속에서 언제든 불신의 싹을 틔울 것이다. 원인이 해결되지 않은 사건은 배우자를 대비하게 만들고 반격하는 빌미가 된다.

불우했던 가정환경 탓에 애정 결핍 속에서 자라난 M은 늘 인심이 좋았다. 어느 모임에서든 환영받고 좋은 사람으로 칭찬이 자자했다. 그러나 정작 M의 아내는 빠듯한 살림살이 탓에 아이들에게 외식 한 번 마음껏 해주지도 못하는 처지였는데, 남편은 돈을 계산 없이 써버려서 원망스러웠다. 사람들에게 호인 행세하는 남편이 지긋지긋했고, 부부 관계도 좋을 리 만무했다. 가족은 뒷전이면서 이 모임 저 모임 쫓아다니며 돈이나 뜯기는 호구로 느껴졌다.

아내의 불만은 M의 버릇을 더 나쁘게 만들었다. 사사건건 트집을 잡으며 모임 사람들을 헐뜯는 아내 때문에 집에 있기가 싫었다. 밖에 있는 시간이 길어질수록 지출이 늘어났는데, 대부분 M의 주머니 사정에 따라 정해졌다. 영업직의 특성상 수입이 일정하지 않았지만, 계산을 망설이는 못난 짓은 할 수 없었다. 피해는 고스란히 아내 몫이었다. 남편의 품위 유지를 위해 결제된 카드값 탓에 생활비는 늘 빠듯할 수밖에 없었다. 불평하는 아내에게 영업비를 지출하는 것이라고 큰소리치기 일쑤였다.

삶이 정돈되지 않고 인정에 중독된 사람이 비슷한 사람들과 사건을 만드는 건 흔한 일이다. 관심과 보살핌에 목마른 여자에게 딱 맞는 파트너가 되어서 서로의 결핍을 채워주다 보니 격렬하게 서로를 끌어당기는 관계가 되어버렸다. 오래되지 않아 여자의 남편이 알게 되면서 가혹한 보복이 이어졌다. 서로의 가정은 혐오의 대상이 되고 서로가 구원자가 되어 격정에 휩싸였다. 직장과 가정에 위협적인 메시지가 전해지고 소장이 날아들었다. M은 극심한 스트레스와 아내의 보복이 두려워 집을 뛰쳐나갔다.

남편이 가출을 감행하자 아내는 아연실색했다. 잘못을 빌기는커녕 줄행랑을 친 남편이 이해되지 않았다. 상담을 통해 아내는 남편의 취약성을 알아가면서 이해하게 되었다. 자신이 그토록 혐오하던 남편의 습성이 결핍된 사랑 때문임을 알았다. 남편에게 자신의 사랑이 전해지지 못한 것을 받아들여야 했다. 당연히 알 것으로 생각했던 진심이 남편에게는 전해지지 못했음을 알았다. 남편이 원하는 사랑은 '인정받는 것' 이라는 사실을 뒤늦게 이해하게 되었다. 아내의 이해는 남편을 상담의 자리로 이끌어올 수 있었다.

M은 자신이 왜 그토록 타인의 인정을 원하는지 알아야 했다. 자신에게 어떤 의미이고 기쁨이 되는지 삶에 어떤 영향을 미치는지를 이해하려고 했다. 어린 시절 엄하기만 했던 가정 분

위기가 원인이라는 것을 알게 되었다. 아무리 노력해도 칭찬을 들을 수 없었던 어린 날의 자신 때문에 울었다.

그 때문에 아내가 아이들에게 엄하게 대하는 것을 증오했다는 것도 알게 되었다. 또한 아내를 부모처럼 느끼고 있었다는 사실도 깨닫게 되었다. 아내가 자신의 사랑을 필요로 하는 여자라는 사실을 가슴으로 새롭게 받아들였다. 남의 인정에 목말라한 것 때문에 가정이 황폐해졌다는 사실도 받아들였다. 그렇게 회복의 여정이 시작되었다.

불행한 일을 겪고도 잘 이겨낸 관계는 견고해진다. 그러나 깨달음이 없다면 혹독한 대가를 치르게 된다. 만약 당신이 깨달음에 이르지 못하면 배우자는 재발될 당신의 잘못에 대한 대책을 세울 것이다. 당신을 향했던 마음을 서서히 거두고 홀로 설 준비를 하면서 당신으로 인해 겪었던 고통의 값까지 혹독하게 치르게 할 것이다.

그때는 준비가 안 되어 떠나지 못했지만, 고통을 겪으며 강해진 마음으로 당차게 떠나고 말 것이다. 아무것도 남기지 않기 위해 당신에 대한 사랑이 모두 사라질 때까지 인내했을 테니까 말이다.

처음 벌어지는 일이었기에 어떻게든 해결해보려고 노력하는 사람들이 많다. 하지만 노력하지 않는 사람들이 있다. 이기심에 의한 뻔뻔함인 경우도 있고 자신의 신념에 대한 확신 때문인 경우도 있다. 자기 잘못을 제대로 인정하지 않고 변명하려는 사람들이 있다. '다시는 안 그런다' 며 말도 꺼내지 못하게 한다. 미안하다고 했으니 도리를 다했다고 여기면서 '살다 보면 그럴 수도 있는 거' 라며 얼렁뚱땅 넘어간다.

자신으로 인해 상처받은 배우자에 대한 배려는 끝내 없다. 이런 경우 배우자는 결코 당신을 믿지 않는다. 다시는 되풀이 될 일이 아니라는 확신을 갖지 못하기 때문인데, 결국 당신의 무지가 당신의 삶을 망친다.

사람은 잘못된 선택이 요구하는 가혹한 대가를 치러가면서 실수를 통해 배우며 성숙해간다. 당신이 저지른 일에 대한 제대로 된 평가가 당신을 더 좋은 사람으로 만들어줄 것이다. 수치스럽고 피하고 싶겠지만 당신이 저지른 일을 자세히 들여다보아야 한다. 당신이 그렇게 하지 않으면 배우자가 그 과정을 대신할 것이고 당신에 대해 절망할 것이다.

자신의 취약성을 스스로 알게 되면 약이 되지만 남이 알면 약점이 된다. 깨닫지 못하는 취약성은 삶 속에서 강한 동력이 되어 반복될 수 있다. 자신을 위해서 그리고 상처 입은 배우자를 위해서 불륜은 세밀하게 탐구되어야 한다. 부부의 좋은 참고서가 될 것이다.

5. 불륜의 시작은 당신이 했지만,
   끝맺음은 배우자에게 달렸다

 불륜 사건이 완전하게 정리가 되었다는 기준은 배우자의 인정 여부에 달렸다. 배우자가 더 이상 그 사건에 대해 말하고 싶어하지 않으면, 마음의 정리를 한 것이다. 거듭된 당신의 반성이 조심스럽게 받아들여지고 다시 신뢰할 용기를 짜내는 중이다. 당신의 불륜이 부부 관계를 재정비하고 보수하는 계기가 되었다면 성공적이다. 부부는 더 성숙하고 견고한 관계 속에서 서로를 소중히 대하게 될 것이다. 다시는 같은 일이 벌어지지 않도록 꼼꼼히 보수하였을 테니까 말이다.

 아직 완전하게 정리된 것이 아니라면, 배우자의 상태를 세심히 살펴야 한다. 깨지기 쉬운 유리를 다루듯 인내심을 가지고 보살펴주어야 한다. 상대는 당신을 수용하고 다시 사랑하기 위해 자신을 초월하려 애쓰고 있다. 용서는 한 번에 되는 것이 아니다. 또, 용서하겠다는 의사를 표현했다고 해서 곧바로 아무 일도 없었던 것처럼 되는 것도 아니다. 자신이 약속한 용서를 이루기 위해 매 순간 저항하는 자신을 넘어서며 당신에게 힘겹게 가는 중이다. 상처 준 당신을 미워하지 않기 위해 모든 에너지를 동원하면서 말이다.

불륜을 한순간의 실수로 치부하고 배우자의 심정을 고려하지도 않은 채 멋대로 정리해서는 안 된다. 수치스러움을 견딜 수 없어 원인과 이유를 찾으려 하지도 않고 마음대로 끝을 내려는 행위는 배우자에게 모멸감을 준다. 마음껏 기만하고 또 마음대로 처리하려는 당신에게 무서운 분노를 느끼게 한다. 불륜은 당신 마음대로 했지만, 종결은 당신 배우자의 뜻에 달렸다. 당신이 조급증을 내며 덮으려 할수록 더욱 생생한 배신이 된다.

물론 당신의 배우자도 당신을 존중하는 태도를 유지해야 한다. 피해자 역할만 고집하는 배우자에게 계속해서 참회하기 어려울 것이다. 피해의식은 깨달음을 향한 발걸음을 방해한다. 자신의 부족함도 찾아내어 보완되어야 함을 아는 배우자가 아니라면 관계를 재건하기 어려울 것이다.

당신의 취약성뿐만 아니라 배우자의 취약성도 함께 다루어야 한다. 서로의 취약성이 관계 안에 어떤 역동성을 만들었는지 파악해야 한다. 부정적인 상호작용 패턴을 건강한 것으로 바꾸지 못하면 결국 같은 고통이 되풀이된다.

배우자가 관계를 위해 성숙해갈 수 있도록 당신의 지원이 계속 필요하다. 배우자에게 당연한 듯 요구하거나 의무처럼 굴면 계속되지 못할 것이다. 이런 일을 겪지 않았다면 하지 않아도 좋을 노력을 하는 것처럼 생각되기 때문이다. '서로를 위해 좋은 계기가 되었다' 는 고백은 많은 시간이 지나야만 가능해진다. 지금은 자주 회의에 시달리면서 한 걸음씩 내딛는 중이다. 계속해서 사죄하고 감사하고 사랑을 전해야만 멈추지 않고 끝까지 갈 수 있다.

편지는 아주 유용한 도구가 된다. 진심 어린 편지는 배우자의 마음에 회의가 몰려들 때 강력한 방패가 될 수 있다. 어떤 아내는 남편의 불륜이 생각나 괴로울 때마다 남편의 편지를 읽으며 마음을 정돈할 수 있었다고 했다. 남편의 사죄와 각오를 다시 읽으며 차곡차곡 용서를 쌓았다는 것이다. 더부룩한 속을 소화제를 먹어 해소하듯 남편의 편지는 불편한 감정의 소화제가 되었다.

배우자에게 진심이 담긴 편지를 써 보내자. 참회와 앞으로의 각오와 소망을 담아서 정성껏 써보자. 몇 날 며칠이 걸리더라도 같은 실수를 두 번 다시는 하지 말자고 심사숙고해서 자신에게도 새겨질 편지를 써서 선포하자. 배우자의 용서에 박차를 가할 것이다.

6. 아직 들키지 않았다면, 지금!

　불륜의 기간이 길어질수록 경계가 느슨해지고 가책도 흐릿해진다. 철두철미하게 숨겼는데도 들통이 나는 이유다. 경계를 게을리하지 않던 초반의 긴장은 시간이 지나면서 점차 일상에 젖어간다. 삶의 일부가 되어 익숙해지다 보니 자신도 모르게 단서를 흘리게 된다. 아무리 치밀한 성격의 소유자라 해도 촘촘한 배우자의 육감을 모두 통과하기는 어렵다. 한두 번 무시되던 단서들이 어느 순간 배우자의 레이더에 모두 포착이 되고 만다.

　결혼을 끝장낼 생각이 아니라면 지금이 당신의 어수선한 주변을 정리할 적기다. 아직 들키지 않았다면, 지금이야말로 당신의 삶을 구해낼 마지막 기회다. 무언가 결단을 내리기 위해 이 책을 읽는 게 아니겠는가? 부디 너무 늦기 전에 옳은 선택을 하길 바란다.

　당신이 어떤 이유로 불륜에 이르게 되었든 간에 들키기 전에 먼저 밝히든, 끝내든 해야만 한다. 우물쭈물 망설이는 동안 들키기라도 하면 상상하던 것 이상의 상황이 당신을 압도할 것이다. 당신은 이미 현실감각을 잃어버리고 자아도취에 빠졌을 가능성이 높다. 새로운 상대의 관심과 애정이 당신을 도취시키고 자존감을 고양시켰을 것이기 때문이다. 고양된 자존감은 배우자를 함부로 대하는 동력이 되기도 한다.

과한 자신감을 드러내며 방자하게 구는 당신을 어떻게 주시하지 않을 수 있겠는가? 오래가지도 못할 허세로 자기 무덤을 파는 격이다. 들켜서 통제권을 상실하지 말고 결단을 내려야 최악의 상황을 피할 수 있다.

결혼을 끝낼 생각에 불륜을 이용하는 것만큼 비인간적이고 잔인한 방법이 없다. 당신의 배우자는 당신의 약속을 믿고 자신의 가장 빛나는 시간을 함께한 사람이다. 누군가의 믿음을 저버리는 것도 모자라 치명적인 모욕으로 이중고통을 줄 자격은 누구에게도 없다. 최악의 상황이 도래하기 전에 당신의 의사를 알게 해야 한다.

당신의 생각과 소망이 분명히 전해진 후에도 변화가 없다면 이별을 원한다는 것을 알려야 한다. 그것이 결혼에 대한 최소한의 예의이고 최악의 종결을 막는 방법이다.

결혼에 투자한 것들을 떠올려 보자. 젊음과 재정과 자녀와 함께 만든 역사의 가치를 따져보자. 한때의 욕망 때문에 버려져도 좋은 것들인지 냉정하게 고려해 보아야 한다. 결혼에 대한 불만이 개선될 여지가 있는지에 대해서도 생각해보아야 하지 않겠는가. 개선을 위한 어떠한 노력도 없이 포기해버린다면 개인에게 있어 엄청난 손실이다.

서로의 부족함을 담아내며 조율하고 함께 성장하는 과정은 결혼의 중요한 순기능이다. 이 과정을 겪으며 성숙하고 다음 세대를 길러내며 진짜 어른이 된다. 얄팍한 감정놀음과 맞바꾸기에는 너무나 값진 것이다. 역사를 공유한 결혼과 당신이 은밀히 시작한 새 관계에 대해서 관계의 가성비를 따져보자.

자녀가 있다면 당신의 행복이 우선순위가 되는 것에 대해 신중히 재고해보아야 한다. 자녀가 있는데도 자기 행복이 우선이라는 사람들의 이기심은 놀랍기만 하다. 자녀를 위해 참고 사는 것보다 자기 행복과 사랑이 중요하다는 것은 어찌 보면 자녀의 입장에서 참으로 불행한 일이 아닐 수 없다. 자기들끼리 좋다고 마음대로 낳아놓을 때는 언제고 이제 와서 극도로 이기적으로 구는 부모는 재앙이나 다를 바 없다.

부모라면 아이가 최소한 성인이 될 때까지는 부모의 도리가 1순위가 되어야 한다. 부모는 자녀를 탄생시키는 순간 2순위가 된 것이다. 당신의 존엄보다 자녀의 존엄을 우선해서 지켜야 한다. 자녀는 부모의 욕망을 채우려고 세상에 태어난 존재가 아니다.

물론, 실수하기 때문에 사람이다. 실수는 성장에 필요한 훌륭한 자원이 되기도 한다. 아직도 불륜에서 벗어나지 못해 갈등하고 있다면 실수의 단계에서 마무리되길 바란다. 요행을 바라며 아슬아슬한 채로 자신을 소진하지 말아야 한다.

불륜에 쏟는 에너지를 부부 관계를 위해 써보자. 부부 관계가 놀랍게 부드럽고 충만해질 것이다. 당신이 소유한 것을 더 좋게 만들기 위해 노력하는 게 현명한 일이다. 이미 많은 투자를 한 결혼에 집중하는 게 당신 삶을 윤택하게 할 확률이 높다. 당신의 흔들렸던 시간에 대한 보험으로 배우자에게 애정을 듬뿍 쌓아놓자. 그 보험은 비상시에 아주 유용한 대비책이 되어줄 것이다.

아무리 개인주의가 팽배한 세상을 살고 있다고 해도 개인의 욕망이 공동체의 안녕에 우선할 수는 없다. 비록 만족스러운 결혼 생활에 대한 기대가 채워지지 못하는 현실이라고 해도 마찬가지다. 자신의 선택에 대한 책임을 지고 불만족을 해소하기 위한 노력이 먼저 있어야 한다. 도저히 만족할 만한 합의점을 찾지 못하겠다면 각자의 삶으로 분리되는 게 맞다. 물론 쉬운 일이 아니다. 그렇다고 모두를 기만하고 자신만의 이기심을 채우려는 시도는 비겁하기 짝이 없는 일이다. 실제론 결혼의 이득을 모두 누리면서 개인적인 재미도 포기하지 않겠다는 역겨운 태도다. 스스로 자신의 가치관과 도덕성을 점검해 보아야 할 일이다.

마땅히 누려도 괜찮다고 여기는 쾌락은 누구의 허락을 받은 것인가? 그런 사고방식은 어디에서 왔는가?

당신의 그 모호한 도덕성이 당신의 가정을 벼랑 끝으로 몰아간다. 어쨌든 당신은 결혼이라는 제도권 안으로 들어왔다. 애꿎은 당신 배우자는 당신의 손을 잡고 함께 온 죄로 커다란 위험에 처했다. 결혼은 부부가 함께 선택하며, 서로에게 가장 믿을 만한 사람이 되어 주겠다는 독점적인 약속이다. 그러나 당신 혼자서 배우자를 철저히 속여가면서 마음대로 약속을 깨트리고 있다. 당신의 배우자는 부당한 일을 당해도 마땅한 사람이 아니다. 더 늦기 전에 옳은 선택으로 불행을 막아야 한다.

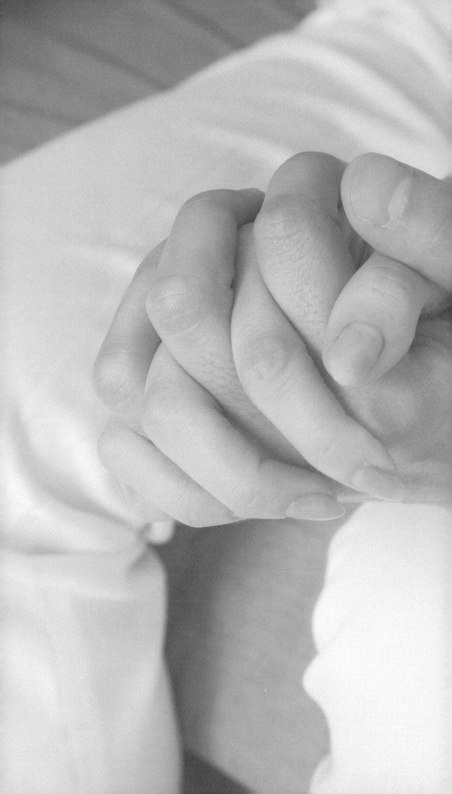

6장
~
행복한 결혼 생활을 위한 지침서

1. 결혼의 환상에서 제대로 벗어나자

결혼에 대한 기대가 비현실적으로 컸다면, 어려움을 겪으면서 하나둘 자각하게 된다. 부부 관계의 어려움을 통해 비로소 배우자의 참모습을 보게 되면서다. 대부분의 결혼이 이룰 수 없는 기대에 기반을 두고 있다는 건 놀라운 일이다. 진실을 알았다면 숙고했을 사람들이 환상에 기대어 결혼으로 뛰어든다.

결혼이 슬프고 화나는 일로 점철되는 이유다. 어쩌면 그 환상 때문에 결혼을 할 수 있었는지도 모른다. 건강한 결혼을 위해서는 결혼에 대한 환상을 현실적 기대로 바꿔야 한다.

에리히 프롬은 『사랑의 기술』에서 "사랑처럼 엄청난 희망과 기대 속에서 시작되었다가 반드시 실패로 끝나고 마는 활동이나 사업은 찾아보기 어려울 것"이라고 했다. 또한, "어떻게 사랑해야 하는가를 배우고 싶다면 음악이나 그림이나 건축, 또는 의학이나 공학 기술을 배우려고 할 때 거치는 것과 동일한 과정을 거치지 않으면 안 된다"라고도 했다. 사랑은 완벽한 것이 아니므로 사랑의 의미를 배우고 제대로 사랑하는 방법을 배워 숙달해야 한다는 말이다.

사랑은 결혼에 있어 빠질 수 없는 감정 중 하나로, 가정을 구성하는 가장 중요한 요소이기도 하다. 하지만 사랑에 대한 정의를 제대로 알아야 한다. 가슴 떨리는 설렘과 그리움, 애달픔 등을 사랑으로 둔갑시키지 말자. 그런 것들은 한낱 감정의 유희일 뿐이다.

대체로 대상을 마음대로 왜곡해서 인지한 착각 때문인 경우가 많다. 상대를 이상화해서 동경하고 갈망하는 것을 사랑이라고 우기지 말아야 한다. 상대의 있는 그대로의 모습과 못난 모습조차도 수용하는 것이 사랑이다. 배우자 때문에 사랑이 식었다고 하지 말자. 그냥 사랑이 아니었다고 인정하는 게 정직하다.

결혼 생활을 하다 보면 사랑이 얼마나 허무하게 제 기능을 잃는지 알게 된다. 사랑 하나면 뭐든 다 할 것 같았는데 일상에 치어 흔적조차 사라지고 만다. 얼마나 무모하게 큰 책임 안으로 뛰어들었는지 갈수록 선명해진다.

영원한 버팀목이 될 것 같던 사랑은 작은 갈등 앞에서조차 뒷걸음질친다. 결혼을 감행하게 했던 이유가 사라져가는 것이다. 감정에 안겨 시작된 사랑은 일상의 고단함에 져서 감정과 함께 도망가 버린다. 감정의 유희를 사랑이라고 착각해서 벌어지는 현상들이다.

진짜 사랑이 자리할 공간을 착각과 기대가 차지하고 실망을 불러들인다. 사랑을 엮어가야 할 부부는 등을 돌리고 서로를 탓하기 시작한다. 자신의 결핍만 들여다보며 슬픔에 빠져 있는 사이에 상대는 무시되고 만다.

서로를 바라볼 수 있다면 다시 사랑할 수 있다. 자신의 결핍에서 눈을 들어 상대의 마음을 보아야 한다. 서로를 보살피는 것이 자신을 보살피는 것보다 쉽고 보람 있다. 서로의 필요를 채워주기 위해 한 결혼에서 혼자만의 필요를 채워갈 수는 없다. 결혼만 하면 부부 관계는 견고하게 잘 유지될 것으로 생각한다. 특별하게 노력을 한다는 건 굳이 자연스럽지 않다고 생각한다.

그러나 '결혼했으니 당연히 그렇게 되는 게 아니냐' 는 생각은 착각이다. '누구나 다 그럴 것' 이라는 생각은 망상에 가깝다. 결혼이라는 영역에서도 노력, 노하우, 비결 등이 필요하다. 금실 좋은 부부 중 노력하지 않고 저절로 그렇게 된 부부는 결단코 단 한 커플도 없다. 서로의 기분을 살피고 필요를 채워주기 위해 끊임없이 연습하고 노력하며 배려한 결과다.

나름 똑똑하다고 자부한 사람들이 결혼한 후에 당황하는 이유는 그동안 배워왔던 자신의 지식과 사회적 경력 등이 결혼과 충돌하면서 자신의 계획처럼 순리대로 살아지는 게 아니라는 데 있다. 이 세상에 그 무엇도 노력 없이 저절로 굴러들어오는 것은 없으며, 공짜로 얻었다고 해도 끝까지 지켜낼 수 있는 것은 단 하나도 없다. 그나마 한 가지 다행인 점은 결혼에는 입시나 취업처럼 살벌한 노력이 필요한 것은 아니라는 점이다. 아주 적은 노력과 관심을 기울인다면 의외로 결혼 생활의 질이 올라간다.

행복한 부부는 상대를 당연한 존재로 인식하지 않는다. 자신에게 좋은 것을 베풀어주는 고마운 존재로 생각한다. 타성에 젖어 함부로 대하지 않고 늘 존중하는 태도를 지닌다. 배우자를 귀하게 대하는 것을 자신이 대우받는 것보다 중요하게 여긴다.

자기중심적 사고가 아닌 배우자 중심적인 사고를 한다. 배우자의 기쁨을 자신의 큰 행복으로 여긴다. 이것이 진짜 사랑이다. 나를 생각하기 전에 상대의 안위를 먼저 생각한다. 자신을 위해 상대가 존재한다고 생각하는 사람은 사랑에 대해 함부로 말할 자격이 없다.

사랑을 잡았다고 해서 결혼 생활이 완벽해지는 것이 아니라 사는 동안 사랑의 균열이 깨지지 않도록 보수하기 위해 노력해야 한다. 이러한 노력이 없으면, 결혼 후 일정 기간이 지나면서 회의감에 빠지는 일이 많아진다. 연애 때와는 사뭇 달라진 배우자의 태도와 타성에 젖어가는 관계 때문이다.

사랑에 빠진 사람들의 전시물로 화려한 세상과 비교되어 초라하게 느껴진다. 당연히 사랑과 관심을 주어야 할 배우자의 무덤덤함은 분노를 일으킨다. 당연한 자신의 몫을 빼앗긴 것 같은 분노 때문에 유혹에 몹시 약해지고 만다. 흔들리고 깨지는 관계를 되살리고 싶다면 실망한 쪽에서 먼저 시작하는 게 좋다. 권태에 빠진 관계를 되살리기 위해 먼저 손을 내밀 방법은 다음과 같다.

첫째, 목마른 사람이 먼저 다가간다.

엘리 비젤은 "사랑의 반대는 증오가 아니라 무관심"이라고 했다. 무관심과 권태를 극복하기란 쉽지 않다. 원래 목마른 사람이 우물을 파는 법이다. 배우자는 불만족스럽지 않아 개선의 필요를 못 느끼고 있는 경우도 많으니 먼저 다가가 말을 걸고, 손을 내밀자.

둘째, 자신의 불만을 말로 하고 조율하는 방법을 배워야 한다.

혼자서 불만을 꾹꾹 삼키다 관계에 폭탄을 터트리지 말자. 그리고 제발 무엇을 좋아하는지, 어떻게 해주면 좋은지, 원하는 게 무엇인지 묻고 또 묻자. 서로 할 수 있는 것과 없는 것,

좋은 것과 싫은 것을 알게 해주자.

셋째, 모든 걸 알아서 해주길 바라지 않는다.

신생아가 엄마에게 바라듯 모든 걸 알아서 해주길 바라는 짓은 하지 말자. 자아도취에 빠져 자기 마음대로 해주지 말고 상대가 바라는 걸 해주자. 자신에게 좋은 게 상대에게도 좋을 것이라는 망상은 내다 버리자. 상대가 바라는 걸 해주면 작은 수고에 큰 보상을 누릴 수 있다. 진짜 사랑은 이유 없이 비싼 대가를 치르게 하지 않는다. 진짜 사랑은 가성비도 갑이다.

넷째, 자신의 무의식적인 기대가 결혼을 망치도록 두지 말아야 한다.

당신의 무의식적인 기대에 대한 알아차림과 깨달음이 필요하다.

혹시, 부모에게 받아야 했을 사랑의 결핍을 갈구하고 있지는 않은가?
결혼에 대한 당신의 기대가 현실적인가?
당신의 배우자가 충분히 줄 수 있는 것을 기대하는가?
부족한 것에 대해 정중하게 요청하는가?

자신의 기대가 결혼 생활에 미치는 영향을 진지하게 탐구해야 한다. 이런 과정이 사랑을 이루는 연습이다. 사랑은 완벽해야 하는 게 아니라 더 좋은 것을 위해서 조율하고 연습하는 것이다.

2. 함께 있으면 좋은 사람이 되자

많은 부부가 책임과 의무를 다하느라 부부 생활에 있어 즐거움이 얼마나 중요한지를 잊고 산다. 결혼과 동시에 공동체의 삶을 위한 각자의 역할에 묻혀 결혼 전 누렸던 기쁨을 서서히 희생하는데, 이렇게 반복되는 일상은 쉽게 권태감을 드러내고 만다. 애틋했던 애인이 덤덤한 가족이 되어가는 과정이다. 어떤 부부는 자연스러움으로 받아들이지만, 어떤 부부에게는 견딜 수 없는 배신이 된다. 애정이 사라지는 듯한 위기감으로 느끼기 때문이다.

관계가 활력을 지속하려면 함께 공유하는 재미가 있어야 한다. 건강한 부부는 함께 있을 때 편안함 이상의 긍정적 상호작용이 멈추지 않고 지속된다. 한쪽의 일방적인 의존이나 집착이 아닌 상호 간의 건강한 의존성이 조화를 이룬다.

취미를 공유하는 동호회에서 불륜 사건이 빈번한 이유도 따지고 보면 간단하다. 아무 감정이 없던 사이였지만, 반복해서 즐거운 시간을 함께 보내며 웃다 보면 마음의 벽이 점차 허물어진다. 경계심이 사라진 공동체는 더 즐거워지고 거침이 없어진다.

즐거움이란 원초적 감정이기에 서로가 원초적 감정을 나누는 어린아이 같아지며 젊음을 되찾아준다. 유치하기 짝이 없는 행동을 하면서 자기들끼리 즐거움을 나누는 사람들을 주변에서도 쉽게 볼 수 있다. 체면 차리지 않고 느끼는 즐거움은 고단하지만 멈출 수 없는 삶에 커다란 활력이 된다. 특히, 불행한 결혼 생활을 하는 사람에게는 커다란 유혹이 아닐 수 없다. 배우자의 취미활동이 가정의 위협이 되는 경우는 드물지 않다.

곧 정년을 앞둔 E 부부에게 얼마 전 등산 동호회에 가입할 기회가 생겼다. 함께 하자는 남편의 권유가 여러 차례 있었지만, E는 피곤하다는 이유로 남편 혼자 동호회 활동을 시작했다. 활동적이고 외향적인 남편과 달리 E는 정적이고 내성적인 성향이었다. 평일에 일로 시달리다 보니 주말에는 집에서 쉬기를 원했다. 그나마 남편이 산행을 떠나고 혼자서 뒹구는 주말이 E가 누리는 호사스러운 휴가였다.

남편의 취미활동이 문제가 된 것은 같은 동호회 여성 회원의 카톡 메시지 때문이었다. 그러고 보니 언젠가부터 카톡 알림이 잦아지면서 남편이 핸드폰을 들고 있는 시간이 많아졌다. 굳이 의식하려고 했던 것은 아니었고 남편의 행동도 딱히 달라진 건 없었다. 한동안 그러려니 했던 알림 소리가 어느 날부턴가 거슬리기 시작했다. 누구냐고 묻는 말에 남편의 얼버무리는 답이 거슬렸다. 제법 늦은 밤에도 메시지를 주고받는 듯했다. 남편의 산행이 잦아지고 술에 취해 들어오는 날도 잦아졌다.

자신보다 먼저 퇴직한 남편은 남아도는 시간 때문에 고민하더니 지금은 잘 적응한 듯했다. 남편의 외부 활동이 점점 늘어가고 E의 의구심도 커가던 어느 날, 드디어 카톡 점검을 감행했다. 호의 가득한 메시지가 오고간 것을 확인하고 남편에게 따져 묻자 아무 사이도 아니라는 답변만 돌아왔다.

남편과 함께 그간 주고받은 카톡 메시지를 확인하며 아슬아슬함을 느꼈다. 남편은 그저 총무가 회원을 관리하는 차원이었다고 주장했다. 총무라는 여자의 메시지는 내용상으론 트집 잡을 게 없었지만, 뉘앙스에서는 호의 이상의 감정이 느껴졌다. 그것을 남편에게 설명하려 해도 남편은 강하게 부정할 뿐이었다.

E는 자신이 느끼는 위기감이 잘못된 것인지 혼란스러웠다. 총무의 카톡 프로필 사진을 보니 보통 여자는 아닌 것 같았다. 눈에 띌 만한 미모를 갖춘 이혼녀라는 사실이 E를 더 불안하게 만들었다. 하지만 딱히 트집을 잡을 만한 내용은 없었기에 개인적인 연락은 용납할 수 없다는 말로 마무리했다.

표면적으로는 해결이 된 상황이었지만, E의 속앓이는 끝나지 않았다. 끝이 나기는커녕 날이 갈수록 의혹이 커가고 불안해졌다. 더 이상 주말에 혼자 보내는 시간이 휴식이 되지 않았다. 남편과 그 여자가 어디선가 은밀한 짓을 하지나 않는지 염려하는 자신 때문에 소스라치게 놀라곤 했다. 그간의 결혼 생활을 통해 함께해온 역사가 한순간 물거품이 되지나 않을지 불안했다. 퇴직 후 남편과 노후를 행복하게 보낼 꿈에 부풀어 있었는데 그간의 노력이 허망하게 무너질까봐 두려웠다.

무언가 대책이 필요했다. 부부 사이에 긴장감이 높아지고 피로감이 걷잡을 수 없이 쌓여가고 있었다. 상담에서 만난 E는 초췌한 모습으로 그간의 고통을 토로했다. 차라리 남편이 바람피는 것으로 밝혀지면 속이 시원할 것 같다고 했다. 실체가 없는 적과 싸우느라 모든 에너지를 소진하고 있다고 했다. 자신이 점점 미쳐가는 것 같아서 두렵다고도 했다.

E의 의혹은 갱년기까지 겹쳐 한없이 부풀려져 있었다. 갱년기 여성의 의혹은 불면을 동반해서 모든 에너지를 빼앗아가고 있었다. 작은 의혹이 결혼을 파멸로 이끌어가며 유능한 여성을 무너뜨리고 있었다. E는 예전의 자기 모습을 되찾고 부부 관계를 되살리기 위해 합당한 태도를 유지하려 노력했다. 두려움에 맞서 여유를 갖기 위해 자신의 감정을 알아차리고 다스리는 훈련을 했다.

부부 관계를 개선하기 위해 여러 가지 방법이 동원되었고 성실하게 실행되었다. 그간의 의혹을 푸는 데 필요한 과정의 일환으로 남편의 동호회에 함께 가입하였다. 여성 총무를 비롯한 회원들 모두 반갑게 맞이해 주었다. 힘겨운 첫 산행 후 뒤풀이에서 부부 회원이 여러 팀 있다는 것을 알게 되었다. 부부팀과의 대화를 통해 가슴앓이한 사람이 자기만이 아니라는 것도 알게 되었다. 여성 총무가 회원을 늘리기 위해 쓰는 비법이라는 농담도 오고 갔다.

E는 그렇게 간단하게 해소될 의혹 때문에 몇 달이나 마음 고생했다는 게 허탈하다고 했다. 다행히 E 부부의 일은 해프닝으로 끝이 났지만, 어느 부부나 이런 행운을 누리는 건 아니다.

배우자의 취미활동에 관심을 가지고 동참해보자. 어떤 재미를 느끼는지 알아보려는 태도로 임하면 배우자를 더 잘 이해할 수 있다. 자신의 취향과 다르다고 해서 외면해버리면 배우자는 섭섭함을 느낀다. 자신을 공감하기 위해 노력하는 당신에게 감사함을 느끼면 당신의 취미도 공유할 수 있게 된다.

삶이 아무리 바쁘다고 해도 배우자가 즐거워하는 일을 지원하고 동참해보라. 기념일을 챙기듯 서로의 활력 포인트를 찾아 챙겨주는 훈련이 필요하다. 서로의 기분이 좋아지도록 돌보는 관계는 권태에 빠지지 않는다.

또한, 함께 즐거운 활동을 할 수 있도록 공통된 취미를 찾기 바란다. 대체로 성향이 반대인 사람들이 결혼하므로 취향도 다르기 쉽다. 도무지 맞는 게 없다며 자신의 결혼을 불평하는 것은 자기 뺨을 치는 행위일 뿐이다. 서로의 취향이 다를 수 있음을 받아들이고 그 다름을 수용하는 게 우선되어야 한다.

아무리 사는 게 바빠도 각자의 취향을 존중하면서 함께 할 수 있는 취미를 찾는 걸 게을리하지 말아야 한다. 전혀 새로운 취미 중에서도 함께 할 수 있는 것이 있는지 찾아보자. 부부가 함께 새로운 경험을 공유하고 숙달되어 가는 과정에서 친밀감이 높아진다. 즐거운 시간을 함께 보내는 시간이 많은 부부의 결혼 만족도가 높은 건 당연한 일이다.

무엇보다도 부부가 함께 있는 시간을 좋은 시간으로 경험할 수 있도록 결혼 생활을 관리해야 한다. 자신의 기분에 사로잡혀 가정의 분위기를 해치는 행위는 무책임하다. 자기중심적인 삶을 사는 사람은 가족을 불행하게 만든다.

정서적 취약성이 있는 사람은 자신의 취약성을 보살피는 방법을 알아야 한다. 가족이 자신의 취약한 정서에 전염되지 않도록 스스로 관리할 방법을 배워야 한다. 가족도 함께 도와야 하지만 자신이 먼저 문제를 직시하고 개선의 노력을 하는 게 중요하다. 당사자가 인지하지 못하는 문제는 타인이 결코 개선할 수 없다. 가족 구성원이 서로 안정된 감정을 주고받을 수 있다면 가정이 곧 천국이다. 그런 가정은 세상에서 무슨 일을 겪는다 해도 치유할 수 있는 안식처가 된다.

3. 잘 싸워야 잘 산다

어떤 관계라도 갈등을 피할 수는 없다. 아무리 사랑하는 사이라 해도 후회스러운 일은 일어나게 마련이다. 전혀 다른 유전자와 환경에서 자란 타인들의 만남에 조율을 위한 갈등은 불가피하다. 그 갈등을 통해 서로를 깊이 알아가고 조율하는 과정을 통해 성숙해지는 게 인간이라 할 수 있다.

부부의 갈등은 필연적이다. 두 세계가 만나 새로운 하나의 세계로 통합되는 과정에 충돌이 없을 수 없다. 그러나 갈등을 지혜롭게 다루면 친밀감 가득한 견고한 관계의 밑거름이 될 수 있다. 반대로 관계를 망가뜨리는 주요인이 되기도 한다.

가트맨 박사의 연구에 따르면, 행복한 부부들도 69%의 영속적 갈등을 겪는다고 한다. 영속적 갈등이란, 절대 해결할 수 없어 지속되는 갈등을 말한다. 단지 31%만이 해결이 가능한 갈등이라고 한다. 놀라운 것은 불행한 부부들의 수치도 다르지 않다는 것이다. 불행한 부부라 해서 더 높은 영속적 갈등이 있지는 않다.

똑같은 갈등의 수치가 어째서 다른 결과로 나타나는 것일까?

비결은 갈등을 대하는 태도에 있었다고 한다. 행복한 부부들은 영속적 갈등에 대해 타협하고 조율하는 능력을 발휘한다. 그들은 서로의 타협할 수 없는 갈등의 원인에 대해 뜯어고치려 하지 않았다. 상대의 고유성으로 수용하되 관계를 해치지 않도록 관리하는 기술을 터득했다.

결혼에 대한 실제적 위협은 불륜이 아니라 갈등을 피하는 것이다. 불륜으로 고통받는 부부들은 오래전부터 존재한 갈등을 관리하는 방법을 알지 못했다. 이들은 해묵은 갈등으로 충돌하다 점차로 멀어졌다. 충돌하며 느끼는 고통이 괴로워 회피하게 된 것이다. 갈등을 다루는 법을 찾지 못한 부부 관계는 정서적으로 거리감이 생기며 친밀감을 쌓을 수 없게 된다.

갈등을 피해야 할 것으로 간주하면 관계는 겉돌며 서로의 진심을 나누지 못하게 된다. 두 사람의 마음속에 앙금이 해소될 길을 도무지 찾지 못하기 때문에 사소한 갈등도 차곡차곡 덧쌓인다. 시한폭탄을 안고 사는 것처럼 긴장이 감도는 관계가 따뜻할 리 만무하다.

갈등이 커지는 이유는 자신의 의견을 강요하는 아집 때문이다. 자기 의견을 강요하는 심리는 배우자를 자신보다 못한 존재로 무시하게 된다. 자신이 내세운 주장에 대해 어떤 조언이나 타협도 받아들이지 못하는 사람들이 있다. 확고한 신념 때문인 것 같지만 실은 미성숙한 성격 탓인 경우가 많다.

자존감이 낮은 사람들은 자신의 의견에 대한 조언을 공격적으로 받아들인다. 자신을 무시하는 처사로 받아들이기 때문에 분노하는 것이다. 이들의 분노는 배우자를 얼어붙도록 만들기에 충분하다. 반복된 경험을 통해 배우자는 상대의 의견에 자신의 의견을 피력하지 않게 된다. 대신 마음속에 원망과 환멸이 쌓이도록 내버려 둔다.

이혼하는 부부 중에는 불륜이나 갈등 때문만이 아니라 싸우는 방식 때문에 이혼하기도 한다. 엄청난 불륜을 겪고도 지혜롭게 무사히 가정을 지켜내는 부부도 많다. 반면에 별것 아닌 사건을 확대 재생산하여 가정이 파탄이 나는 경우가 허다하다.

가정에 위기가 닥쳤을 때 갈등에 대처하는 자세를 보면 거의 정확하게 결과를 예측할 수 있다. 감정에 휩싸여 파괴적인 태도를 보이는 경우는 파국을 맞을 확률이 급격히 높아진다. 긍정성이 높은 관계는 위기 앞에서 견뎌낼 힘을 발휘하지만 가난한 관계는 스스로 무너져 버린다.

갈등을 극복하기 위해 꼭 필요한 것이 대화의 기술이다. 아무리 큰 갈등이 생겨도 대화할 수 있다면 해결이 가능하다. 행복한 부부들은 대화의 중요함을 잘 알고 있었다. 고통스러운 배우자의 불륜을 겪고도 가정을 지켜내는 사람들은 한결같이 대화하기 위해 노력했다.

불륜 사건이 대화의 물꼬를 트는 계기가 되기도 했다. 자신의 고통스러운 마음뿐 아니라 배우자의 고통에 대해 대화하며 새롭게 서로를 알아간다. 좀 더 일찍 묻지 못한 것을 미안해하고 얼마나 많은 오해가 있었는지 놀라워한다. 대화를 통해 고통은 작아지고 꺼져가던 사랑은 힘을 얻는다. 자신의 감정에 귀 기울여주는 배우자에게 뜨거운 감사와 사랑이 샘솟는 것은 너무나 당연한 일이다.

대화가 익숙하지 않은 부부도 서툴지만 포기하지 말고 계속 대화하도록 노력해야 한다. 대화는 거듭하면 늘게 마련이다. 조급해하지 말고 천천히 모든 것을 말로 표현하는 연습을 해야 한다. 중요한 것은 대화를 부드럽게 시작해야 한다는 것이다. 격양된 목소리는 상대의 방어본능을 일으킨다. 자신의 감정을 먼저 조절한 후에 부드럽고 조용한 목소리로 시작해야 한다.

감정이 격양되어 있을 때는 대화를 시도하지 않는 것이 좋다. 시작하며 대화의 의도를 먼저 말하자. 따지거나 싸우기 위함이 아님을 밝히고 '혹시 기분이 나빠지면 알려달라' 고

요청하라. 그렇게 두 사람의 대화 패턴을 만들어가는 것이다. 이 기술은 관계를 오래도록 유지하는 데 꼭 필요한 기술임을 잊지 말자.

대화의 목적은 관계의 성장과 친밀감을 쌓는 게 되어야 한다. 논리적으로 잘잘못을 따지는 건 의미가 없다. 관계를 돈독하게 하기 위한 말인가? 논리의 타당성을 증명하기 위한 주장인가? 대화의 목적을 분명히 알면 대화의 질도 높아진다.

어떤 사람에게는 옳고 그름이 너무 중요해서 상대가 누구이든 옳음을 관철하려 한다. 자신의 주장대로 옳음이 밝혀진다고 해도 소중한 사람의 마음은 잃어버리기 쉽다. 다른 사람의 감정에 공감하는 능력이 떨어지는 사람일수록 옳고 그름에 집착한다. 그들에게는 상대의 마음을 헤아리는 것보다 논리를 따지는 게 더 쉽고 익숙하기 때문이다. 그러고선 자신을 사랑하지 않는 상대에게 몹시 분노한다.

말을 하는 방법 또한 매우 중요하다. 대화하는 동안 말의 내용이 상대에게 전해지는 비율은 단지 7%에 불과했다. 93%는 내용 이외의 표정이나 목소리나 전체적인 뉘앙스와 태도 등에 영향을 받는다. 부드러운 말투와 온화한 표정의 대화가 상대에게 메시지를 제대로 전달할 확률을 높인다.

공격적인 말을 하지 않는다고는 하면서 은근한 멸시와 냉정함을 풍기는 비겁한 대화도 있다. 비난이나 경멸의 말투는 상대의 방어와 회피적 행동을 유발한다. 갈등 상황에서 상대를 몰아붙이며 비난하고 변명으로 방어하는 부부들의 이혼율은 94%에 달했다.

아내의 거친 목소리와 험상궂은 얼굴로 퍼붓는 비난은 남편의 뇌를 일시적으로 퇴보시킨다. 남편의 뇌는 아내의 공격을 받으면 아이큐 40짜리 파충류의 뇌 상태가 되고 만다. 비상 상황을 맞이한 남편의 뇌는 심장박동수를 급격히 높여 신체 상태를 전투 태세로 전환한다. 이때 원시 뇌를 가동하기 위해 혈액이 몰리는 바람에 이성의 뇌는 작동을 할 수 없게 된다.

화가 난 아내를 피해 밖으로 나가는 행위는 사태를 악화시키지 않기 위한 눈물겨운 투쟁이다. 이때 아내가 퇴로를 막으며 끝장을 보자고 덤비면 최악의 상황이 벌어지고 만다. 이와는 반대로 아내의 뇌는 어떤 상황에서도 이성을 관장하는 뇌가 작동한다. 이 때문에 매번 도망가려는 남편이 자신을 무시하는 것으로 오해하는 것이다.

갈등 상황에서 남편을 몰아붙이지 않고 자신의 메시지를 전할 기술을 익혀야 한다. 자신의 말투와 표정이 남편의 행동을 좌우한다는 것을 알아야 한다. 흥분했던 남편이 진정되기 위해선 최소한 20분 이상이 필요하다. 아내가 부드럽게 선의를 가지고 대화를 요청하면 남편의 뇌는 정상적으로 작동할 수 있다. 생리적으로 아내가 훨씬 더 안정적으로 갈등 상황을 다룰 수 있기 때문에 아내가 주도하는 게 좋다.

남편도 관계 개선을 위해 아내가 대화를 요청할 때 무시하지 말고 집중해서 들어주는 훈련을 해야 한다. 남편이 잘 들어주기만 해도 대부분의 문제는 해결이 된다. 아내의 마음을 알아주고 공감해주면 사랑받았다고 느끼기 때문이다. 대화하는 부부는 갈수록 서로를 더 깊이 사랑하게 된다.

4. 내 사람이니까 이 정도는 이해할 거라는 착각

셀 수 없이 많은 우연이 모여 필연이 된다. 무수한 경쟁자들 사이에서 선택받아 결혼에 이르는 과정은 마치 기적과 같다. 많은 사람 중에서 단 한 사람을 선택한다는 것 자체가 희생을 감수하는 것이나 마찬가지다. 단 한 사람을 위해 서로 다른 모든 가능성을 포기한다. 그 한 번의 선택으로 삶은 너무나도 많은 영향을 받는다.

그래서인지 이토록 소중한 사람과 결혼한 후에는 당연히 자신을 수용하고 이해해달라고 요구한다. 배우자니까 마땅히 그래야 한다는 것이다. 자신이 배우자를 수용하고 이해해주는 건 좋은 일이 되겠지만, 요구가 많아지면 관계는 망가지고 만다.

W는 상당한 미모의 소유자로 구애가 끊이지 않았다. 자신보다 연하인 P에게 아무런 관심이 없었지만, P는 물러서지 않고 끈질기게 구애했다. 인기 강사로 수입도 많았던 W에게 P

는 그저 동생으로 보일 뿐이었다.

W가 좋은 조건의 남자들과 연이은 연애를 하는 중에도 P의 사랑은 한결같았다. 결혼을 전제로 3년이 넘게 유지되던 연애가 끝이 났을 때도 진심 어린 위로를 해주었다. 결혼하게 될 줄만 알았던 연애가 끝이 난 충격은 매우 컸다. 이미 W의 나이도 서른을 넘어서고 있었다.

두 살 연하인 P는 알차게 자신의 사업으로 자리를 잡아가고 있었다. 관심이 없어 미처 몰랐지만, P는 제법 능력이 있어서 일찌감치 자수성가한 사업가였다. W가 실연으로 아파하고 있을 때 P는 지극한 정성을 들여 보살펴 주었다. 어쩌면 자신에게도 기회가 올지 모른다는 생각에 5년이 넘는 시간을 흔들림 없이 사랑했다. 아무런 마음이 없던 W도 그 정성에는 감동할 수밖에 없었다. 이 세상에서 누가 이토록 자신을 사랑해 줄 수 있겠는가? 이 사람과 결혼하기 위해 실연한 것 같은 생각까지 들었다.

P는 이미 5년에 걸친 짝사랑을 했지만, W는 새로운 사랑을 시작하는 것이었다. 두 사람의 연애는 충만하고 아름다웠다. 양가의 축복 속에 결혼이 일사천리로 준비되었다. 6개월간의 꿈같은 연애를 거치고 결혼하였다. 뱃속에 새 생명을 품고 성대한 결혼식을 치렀다. 두 사람의 결혼은 친구들 사이에서도 놀라운 사건으로 회자되었다. 천생연분이라는 축하를 받으

며 벅차게 행복한 결혼식과 함께 결혼 생활이 시작되었다.

7개월 후 딸아이가 태어나기 전까지는 모든 게 완벽한 결혼이었다. 아이의 탄생은 많은 것을 변화시켰다. W는 남편의 요청이기도 했지만, 아이를 직접 키우고 싶은 마음에 전업주부가 되었다. 하루가 어떻게 가는지 모를 정도로 육아는 몹시 힘든 일이었지만, 나름대로 노력하며 육아와 가사를 담당했다.

마침 남편은 사업을 확장하며 일이 많아지는 바람에 육아를 전혀 도울 수가 없었다. W는 점차 지쳐갔고 혼자서만 육아에 시달리는 자신의 신세가 처량하게 느껴졌다. 늦게 귀가하는 남편에게 원망의 마음이 생겼다. 뭔가 억울하고 공평하지 못한 대우를 받는 것 같아 서운함이 점점 커지고, 더 이상 사랑받는 느낌도 들지 않았다. 자신을 그토록 사랑해주던 사람에게 버림받은 것만 같아 괴로웠다.

결국 늦게 귀가한 남편에게 원망을 쏟아낸 날, 남편의 반격에 W는 큰 충격을 받고 말았다. 남편도 그간에 쌓인 불만을 거침없이 쏟아냈다. 감정이 격해진 두 사람은 서로를 잔인한 말로 할퀴었다.

남편의 분노는 예상 밖이었다. 5년간의 짝사랑에 대한 앙금까지 더해져 아내를 공격했다. '남들 다하는 육아를 하며 생색을 낸다' 고도 했고 '공주병을 버리지 못해 문제' 라고도 했다. '5년이나 기다려 주고 가족을 위해서 쉬지 않고 일하는 자신에게 고마움이 없다'며 분노했다. '결혼했으면 현실을 받아들이고 맡은 역할을 하라'며 고함을 쳤다.

그날 이후 남편의 태도는 완전히 바뀌었다. 아내에게 냉정함으로 일관하며 밖으로만 돌았다. 그토록 오랜 시간 동안 자신에게 헌신했던 남편이 한순간 돌변하자, W의 고통은 이만저만이 아니었다. 아무리 생각해 보아도 남편의 태도를 이해하기 어려웠다.

딸아이의 첫돌을 앞두고 이혼을 생각하는 자신의 현실을 마주하자 극심한 고통이 몰려왔다. 어린 딸까지 데리고 이혼녀가 되는 상상을 하자 자신이 실패한 인생이 된 것만 같아 두렵고 절망감이 들었다. 이 위기에서 빠져나올 방법이 있다면 어떻게든 찾고 싶었다.

상담을 통해 W는 남편에 대한 자신의 태도를 돌아보았다. 육아로 지친 자신을 이해해주리라 생각해서 했던 행동을 돌아보며 반성해야만 했다. 그동안 투정을 부릴 줄만 알았지, 남편의 힘듦을 알아주지 못했음을 후회했다. 습관대로 받으려고만 했던 자신이 얼마나 이기적이었는지 깨닫게 되었다.

남편이 왜 그렇게 화가 났는지 이해하자 답을 찾을 수 있었다. 남편은 언제까지나 사랑을 주기만 하는 사람이 아니라 받기도 원한다는 것을 알았다. 남편의 말대로 그저 받는 게 당연한 줄 알았던 자신의 공주병이 부끄럽기만 했다. 이번엔 남편에게 자신의 사랑을 증명해야 하는 때라는 것을 깨달았다.

이후 남편의 사랑을 되찾기 위한 W의 노력은 눈물겨웠다. 제일 먼저 진심을 담은 사과 편지가 전해졌고 아침도 챙겨주기 시작했다. 아내는 남편의 5년간의 짝사랑만큼 자신도 지치지 않고 사랑을 증명하겠다고 다짐했다. 그러나 남편의 반응은 싸늘하기만 했다. 아내가 노력할수록 남편은 무례해졌다. 나중에 들은 남편의 말로는 뒤늦게 잘해보려는 아내에게 더 화가 났다고 했다. 잘할 수 있는데도 자신을 우습게보고 일부러 하지 않은 것 같아서 서운했고, 알고 보니 자신이 애걸복걸하며 결혼했다는 피해의식이 부추긴 결과인 것 같다고 했다. 우여곡절 끝에 결국 아내의 사랑은 남편의 마음을 조금씩 움직일 수 있었다.

W의 경우 사랑이 넘치던 남편의 분노가 현실을 깨닫게 하는 자극이 되었다. 자존심을 세우며 맞대응하지 않고 지혜롭게 자신을 돌아본 아내의 태도는 칭찬받아 마땅하다.

우리는 사랑받는 감사함을 쉽게 잊는다. 감사는커녕 당연히 점점 더 많이 받기를 요구한다. 당연시하는 사랑은 반발에 부딪힌다. 사랑받고 싶으면 자신도 최소한 그만큼은 사랑해주어야 한다. '가족이 되었으니 이 정도는 이해하겠지?' 라는 생각이 무례를 저지른다.

우리는 모두 배우자에게만큼은 소중한 사람이 되고 싶은 열망을 가지고 결혼한다. 모두로부터 사랑받을 수는 없지만, 배우자만큼은 나를 제일 중요하게 생각해주길 바란다. 자신의 바람만큼 상대도 기대하고 있다는 것을 알아야 한다. 그 사실만큼은 당연하게 수용되어야 한다.

배우자가 베푸는 사랑을 당연시하지 말아야 한다. 연애할 때보다 더 세심하게 감사로 화답해야 한다. 그렇게 당신이 애써 보살피는 만큼 부부 관계는 풍성해진다. 그러려면 당신이 먼저 실천하는 용기와 실행력을 갖춰야 한다.

5. 열정에서 우정으로 가는 사랑의
   진화 과정을 이해하기

　두 남녀의 강한 이끌림은 결혼하고 부모가 될 수 있도록 이끌어가는 원동력이자, 많은 이성 중에서 그 한 사람을 선택하는 확고한 기준이 되기도 한다. 우리는 무의식적으로 자신에게 가장 적합한 사람을 찾아내는 탁월한 능력이 있다. 현재의 자신을 존재하게 한 역사와 환경이 기반이 되어 서로를 끌어당긴다. 설렘과 함께 시작된 그 경험은 놀랍고 신비롭게 기억 속에 저장된다.

　그 강렬한 감정이 안정적인 우정의 감정으로 변화해간다는 걸 모르는 사람이 많다. 강한 이끌림을 찾아헤매는 사람들은 부부의 사랑이 우정으로 진화한다는 걸 알지 못한다. 변치 않는 사랑의 의미는 자주 곡해되곤 한다.

　사실 열정적인 사랑에는 유효기간이 있다. 영원히 지속된다면 인간의 심장과 체력이 남아나지 않을 것이다. 그러나 더 이상 열정적이지 않다고 해서 사랑이 끝나는 것은 아니다. 더 성숙된 형태로 사랑이 진화하는 것이다. '사랑이 어떻게 변하느냐'는 말은 성장을 멈춘 사랑에 국한된 말일 뿐이다. 살아 있는 생명체가 그렇듯 사랑도 변화하며 자란다.

부부의 사랑은 격렬한 이끌림으로 시작해 신중한 탐색기를 거쳐서 조율된 안정감으로 뿌리내린다. 갈망은 연애 시기를 버텨내고 결혼이라는 큰 과업을 달성하기 위해 필요했던 감정이다. 결혼 후에도 배우자에게 지속적으로 갈망되기를 바란다는 건 불가능한 일이다. 많은 에너지를 소비하던 연애 관계를 버텨내고 독점한 상대를 계속 갈망한다는 건 병적 증상이다. 아마도 AI 로봇에게 입력시킨 후 수행을 바란다면 가능할지도 모르겠다.

결혼이라는 엄청난 과업을 달성하기 위해서는 두 사람 모두 큰 용기가 필요하다. 더 나은 대안이 없다는 확신이 필요한데 이를 위해 정신병적인 증상이 필요했다. 철저한 데이터를 가지고 짝을 찾는 게 아니라 자기 확신이라는 모호한 기준이 적용되기 때문이다.

상대가 제도권의 독점적 관계로 들어오도록 서로 큰 노력을 기울인다. 더 나은 상대가 없다는 확신을 주기 위해 많은 전술을 동원한다. 과대평가하도록 유도하고 자신만의 사람으로 독점하고자 서로를 도취시킨다. 이렇게 도취된 상태로 결혼까지 이르도록 하는 게 바로 사랑 호르몬의 역할이다.

사랑에 빠진 뇌를 촬영해 보면 착란과 비슷한 상태라는 것을 알 수 있다. 그야말로 비정상적인 상태다. '결혼이라는 미친 짓을 하려면 착란이 되어야 하지 않겠느냐' 는 우스갯소리도 있다. 이런 이상 상태를 계속 유지하고 싶어한다는 것을 어떻게 받아들여야 할까?

건강한 정서를 지닌 사람들은 순리대로 관계에 적응하는 능력이 있다. 자연스럽게 시간 속에서 안정적인 상호작용에 적응해나간다. 반대로 불안정한 정서에 익숙한 사람들은 자연스러운 감정의 변화에 적응하지 못한다. 편한 관계로의 진전을 사랑의 상실로 받아들여 불만을 쌓는다. 이들에게는 '격렬한 이끌림만이 사랑' 이라는 왜곡된 인식이 있다.

불확실성으로 가득한 연애 관계를 버텨내느라 수고한 서로에게는 안정감이 있어야 한다. 정신착란 상태까지 겪으며 선택한 배우자와 함께 성장해가는 기쁨을 누려야 한다. 그 선택이 좋은 결과를 낼 수 있도록 현실에 두 발을 단단히 딛고 서서 부부의 삶을 살아야 한다. 짜릿했던 감정을 되새기며 그리워하느라 결혼 생활을 불만스러워하면 불행해질 뿐이다.

두 사람의 관계가 평안한 방법을 찾아 서로의 보금자리가 되어주는 게 결혼의 순기능이다. 우리는 고단한 삶을 살아가는 불안한 존재로서 서로 상호의존하며 지지해주는 관계가 필요하다. 감정의 유희는 사랑이 아니라 정서장애를 앓는 사람들의 병증에 가까운 것이다.

두 사람이 안정적인 관계로 성장하려면 일상이 평화롭게 유지되어야 한다. 아무리 오래 연애했더라도 결혼은 결혼대로 새로운 조율이 필요하다. 호의가 넘치는 일상이 되도록 안정적 상호작용의 틀을 만들어야 한다. 건강한 상호작용은 친밀감을 높이고 신뢰를 쌓는다.

상호 존중하는 관계가 되려면 적당한 격의를 갖추어야 한다. 너무 편한 관계는 서로의 경계를 침범하는 실수를 하기 쉽다. 모든 관계는 서로의 경계를 존중할 때 건강한 친밀감을 쌓아가게 된다. 독선적이거나 자기중심적인 사람은 상대에 대한 존중이 부족해 사랑받기 어렵다. 부부 관계에서 주도권을 쥐고 마음대로 휘두르려고 하기 때문이다.

상호존중으로 돈독해진 부부는 어려움이 닥쳤을 때도 견고하게 가정과 서로를 지켜낸다. 서로에게 의리를 지키고 거짓말로 기만하지 않는다. 부부는 서로에게 가장 좋은 친구가 됨으로써 가정의 건강한 버팀목이 된다. 자녀는 화목한 부모를 통해 건강한 관계의 기술을 배운다. 심리적으로 안정된 환경을 제공하여 자녀에게 최고의 양육 환경이 된다. 그 어느 것보다도 값진 유산을 물려주는 명문가가 되는 것이다.

서로 존중하며 우정이 넘치는 부부가 속한 공동체는 선한 영향력을 받는다. 공동체의 모범이 되어 사회 발전에 기여한다. 건강한 가정이 사회에 미치는 영향력은 돈으로 환산할 수 없을 만큼 가치가 높다.

6. 관계 개선을 위한 소소한 솔루션

아무리 무뚝뚝한 부부들이라 해도 성관계는 한다. 가장 깊은 접촉을 하는 사이면서 정작 손잡는 일은 민망해한다. 이렇게 데면데면한 부부 사이가 정겹고 로맨틱하리라고 상상하기는 어렵다. 그래서인지 중년의 남녀가 사이좋게 손을 잡고 데이트하는 모습을 보면 필시 불륜 관계일 것이라고 의심의 눈길을 보내기도 한다.

남편은 관계를 좋게 하려고 성관계를 하지만, 아내는 부부 관계가 좋아야 성관계를 하고 싶어진다. 평소에 무심하던 남편이 성관계를 요구하는 것에 대해 많은 아내는 의무감으로 응한다. 의무감이 동반된 성관계가 만족스러울 리 없다. 또한 만족감을 느끼지 못하는 아내의 수동적 반응은 매력적이기 어렵다. 아내의 감정을 고려하지 못하는 이기적인 남편은 사랑받지 못한다. 평소에 다정하고 소소한 애정 표현을 많이 쌓은 남편이 아내의 뜨거운 사랑을 받는다.

무뚝뚝하고 쌀쌀맞은 아내들은 어떤가? 그런 아내를 둔 남편은 불행한 결혼 생활을 견뎌야 한다. 관계가 좋아지려면 용서하는 능력이 있어야 하지만 무서운 아내는 남편을 쉽사리 용서하지 않는다. '자기 기준에 미달하는 남편은 비난받고 경멸당해도 마땅하다'고 생각한다. '기대만큼 잘난 사람이 아니라서 사랑할 수 없다'고 한다. 남편의 실수나 잘못을 절대 잊지 않고 끊임없이 소환하여 재교육한다.

남편이 아내에게 사랑을 느끼기 어려울 수밖에 없다. 자신을 비난하고 무시하는 사람에게 누가 사랑을 느낄 수 있겠는가? 사랑받지 못할 태도로 결혼 생활에 임하면서 사랑받지 못한다며 슬퍼하는 아내가 많다.

사랑이 넘치는 부부들은 잦은 애정 표현을 주고받는다. 특히 서로에게 접촉하는 빈도가 매우 높은데, 수시로 손을 잡고 서로를 쓰다듬는 것을 망설이지 않는다. 2세를 어떻게 만들었는지 의아할 정도로 내외하는 부부들이 보면 '닭살이 돋는다'고 할 것이다. '부부 간의 애정 행각이 관계의 질은 물론 건강과 수명의 질을 높인다'는 연구 결과가 많다. 진한 입맞춤이 신진대사를 활성화하고 호르몬 파티를 일으킨다고 한다.

무병장수 백세시대에 더 젊고 건강하게 사는 비결은 다름 아닌 애정 표현과 스킨십이다. 서로를 최상의 컨디션으로 만들어줄 수 있는 능력을 개발시키자. 비용은 들지 않지만, 효과는 탁월한 결혼 생활의 최강 활력 비법이다.

마음에 아픈 흔적이 여전히 남아있지만, 오늘도, 내일도 함께 살아가기 위해서 이제 작은 용기를 내어 치유로 나아가자. 어떤 우여곡절을 겪었더라도 결혼을 유지하기로 큰 결심을 했다면 일상에서 바로 시작할 수 있다. 특히, 불륜을 겪었다면 예외 없이 연습을 시작하길 바란다.

부부 관계를 효과적으로 개선하고 싶다면 아래 제시한 소소한 솔루션을 오늘부터 당장 실행하길 바란다.

첫째, 먼저 일어난 사람이 부드럽게 마사지해주며 하루를 시작한다.

일단 아침에 일어나면 먼저 일어난 사람이 배우자의 손과 발을 부드럽게 마사지한다. 그저 쓰다듬듯이 하면 되는데, 마사지라고 해서 전문적인 기술이 필요한 것은 아니다. 등을 부드럽게 쓰다듬어도 좋고 머리를 쓰다듬어도 좋다. 애정을 듬뿍 담아서 긍정적인 에너지가 전달되도록 정성껏 마사지한다. 각자 적당한 시간 만큼이면 충분하다.

둘째, 30분 전에 여유 있게 기상한다.

30분 더 잔다고 컨디션이 좋아지는 것은 아니다. 그러니 하루 컨디션에 대해 걱정하지 말고 평소보다 30분 일찍 여유 있게 기상한다. 그리고 기호에 맞게 아침 식사를 함께한다. 굳이 구첩반상이 아닌, 가벼운 차 한 잔으로도 충분하다. 두 사람이 마주 앉아 서로를 따뜻한 시선으로 바라보며 상호작용을 하도록 한다.

두 사람에게 긍정적인 감정이 드는 것이 중요하다. 단, 3분간의 긍정적 상호작용이 체내에 호르몬 파티를 일으키는데 이 호르몬의 영향이 2시간 이상 유지된다고 한다. 그렇다면, 15분간의 상호작용이면 하루 10시간 이상 유지되는 호르몬이 방출되면서 부부 관계는 물론 건강의 질까지 높여 준다. 서로 떨어져 일하는 중에도 상호 긍정성을 유지하게 되고 면역력도 증강시킨다. 아침 시간을 활용한 일석이조의 효과라고 볼 수 있다.

셋째, 출근 시 포옹과 입맞춤으로 배웅한다.

서로 떨어져 지내는 낮 동안에도 문자메시지나 간단한 통화 등을 주고받는다. 연애하는 사람들이 하듯 서로에게 관심을 주고받으며 연결감을 유지한다. 커피 쿠폰을 보내기도 하고 달콤한 메시지를 보내기도 한다. 때론 사진이나 메시지를 통해 은밀한 자극을 주고받기도 한다.

처음에는 어색하고 낯설어도 상대의 노력에 무조건 긍정적 반응을 하다 보면 익숙해진다. 상대의 시도에 절대로 부정 반응을 해서는 안 된다. '피치 못할 상황이 아니라면 긍정적 반응을 즉각적으로 한다'는 약속을 지킨다.

넷째, 퇴근 후 집에 오면 반갑게 인사하며 맞이한다.

퇴근해 돌아오면 출근 때와 마찬가지로 포옹과 입맞춤으로 맞이한다. 퇴근 후 함께 보내는 시간 속에서 서로 작은 애정 행동을 계속한다. 지나가며 머리를 쓰다듬어 준다든지 슬쩍 손을 잡는다든지 등이나 엉덩이를 토닥이기도 한다. 불륜이 있었던 가정에서는 성적인 유희는 조심하는 것이 좋다. 상처받은 배우자가 불쾌한 기억을 떠올릴 수 있기 때문이다. 관심과 애정의 표현이 되도록 배려하는 마음이 있어야 한다.

다섯째, 저녁 식사에 함께 공들인다.

맛있는 음식을 준비하거나 식사 후 설거지를 하는 등 식사에 함께 참여한다. 아내는 설거지하는 남편의 뒷모습에서 섹시함을 느낀다고 한다. 집안일을 도움으로써 정서적 지지를 얻는 사소한 행동이 감동을 배가시킨다.

여섯째, 잠자리에서 진솔함을 나눈다.

베갯머리에서 나누는 부부간의 친밀한 대화는 다른 사람과 나눌 수 없는 진술한 정이 있다. 대화를 통해 하루 있었던 사소한 이야기에 공감하고 경청한다. 또한, 잠자리에서도 성관계를 위한 목적이 아닌 담백한 스킨십을 자주 하는 것이 좋다. 이런 스킨십과 정담으로 부부간의 정이 깊어진다.

일곱째, 주말이나 휴일에는 둘만을 위한 특별한 데이트를 추천한다.

자녀 돌봄은 도움을 받고 정기적으로 두 사람만의 시간을 갖도록 노력하는 게 좋다. 어떤 부부는 예쁜 모텔에 가서 둘만의 시간을 즐기기도 한다. 한껏 차려입고 분위기 좋은 곳에서 데이트하며 연애 감정을 느끼면 관계에 활력이 생긴다. 어떤 여배우는 한 달에 한 번 남편과 호텔에서 외박한다고 했다.

위에 제시한 솔루션은 모두 관계가 권태로워지지 않도록 노력하기 위한 일이다. 부부 관계는 진실이 중요한 것이 아니다. 배우자가 좀 못났어도 '최고'라고 해주는 것이 기술이다. 옆집 아내보다 안 예쁜 아내에게 진실을 말한다고 해서 무엇을 얻겠는가? 당신이 더 예쁘다는 거짓말이 진실보다 낫다.

그렇다면, 이런 애정 표현을 얼마나 자주 해야 할까?

부부에게 하루에 최소한 30번 이상의 애정 어린 행동을 하라고 요청한다. 배우자를 칭찬하기, 고마움을 표현하기, 사랑한다고 자주 말하기 등도 포함할 수 있다. 일정 숫자를 명시하는 것은 의식적으로 노력하도록 하기 위함이다. 도저히 30번을 채울 수 없었다는 배우자는 추가 상담을 진행하여 친밀감을 쌓는 데 방해가 되는 걸림돌을 찾아낸다. 가정을 지키고는 싶지만, 지난날의 앙금이 남아서 애정 행동을 할 수 없도록 하기 때문이다.

마음이 내키지 않으면 부담스럽고 괴로운 일이 된다. 이런 반응은 자신도 모르던 앙금을 찾아낼 수 있는 계기가 된다. 다시 털어내는 작업을 통해 개선되면서 진심 어린 애정 행동을 자연스럽게 할 수 있게 된다. 진짜 치유는 그때부터가 시작이다.

7. 결혼 생활을 행복하게 만드는 7가지 비결

　요즘은 개인의 삶이 대중에게 실시간으로 중계되어 평가받는 시대다. 예전엔 감추기 급급했던 지극히 사적인 일과가 전국민 앞에서 파헤쳐진다. 두근거리는 연애는 물론 지지고 볶는 결혼 생활과 육아, 심지어 이혼까지도 낱낱이 해부되곤 한다. 시청자는 그저 화면에 펼쳐지는 내용을 소비할 뿐이지만 당사자의 삶은 괜찮을까?

　불특정 다수 앞에서 자신의 입장을 항변하며 격분하고 울음을 터트리는 게 말이다. 그들은 실망스러웠던 결혼에 대해 상대를 원망하고 비난한다. 자신의 불행이 상대 때문이었다고 울부짖는다. 대체로 비난당하는 상대는 공감하지 못할뿐더러 자신을 방어하기에 급급하다.

　안타까운 일은 불행한 결혼 생활이 제대로 돌봄을 받지 못한 채로 끝이 났다는 것이다. 결혼 생활을 통해 고통을 느꼈던 쪽에선 커다란 상처를 끌어안고 힘겨운 삶을 살고 있다고 한다.

그래서 결혼을 통해 얻은 건 없는 듯 보인다. 그토록 힘든 일을 겪고 아무것도 얻지 못한 채 여전히 삶이 고통스럽다면 억울하기만 할 뿐이다.

그렇다면, 그 결혼에 전환점이 있었으면 어땠을까? 왜 어려움을 겪는지를 찾아내어 보수하기 위해 힘을 합쳐 노력해보았다면 어땠을까? 방송을 보며 '이렇게 해보았으면 좋지 않았을까?' 하며 안타까움을 느끼게 된다.

많은 부부가 결혼 생활에 대한 이해도가 너무 낮다. 결혼 생활의 질이 곧바로 삶의 질로 연결되는데도, 갈등이 생기면 이를 다루는 법이 서투르고 유아적이다. 그러나 다행히 배우고 연습하고 실행하는 것으로 이내 바꿀 수 있다.

따라서 사랑을 표현하는 법은 결혼 생활에서 꼭 배워야 할 중요한 기술이다. 결혼했다고 해서 결혼 생활이 저절로 되는 건 아니다. 화분의 꽃을 가꾸듯 부부 관계가 건강하도록 사랑하는 법을 서로 배워야 한다. '태생이 살갑지 못해서 어쩔 수 없다' 거나 '낯간지러워 못한다' 는 말은 무책임하다. 외국어를 배우듯 배우자의 언어도 배워야 하고, 육아법을 공부하듯 배우자와의 생활을 위해 애정 표현도 배워야 한다.

자신을 선택한 사람의 인생이 손해 보는 건 어쩌란 말인가?
자신 없으면 애초에 인연을 맺지 말았어야 한다. 남들 하는 거 다 하고 결혼까지 해 놓고서 그냥 참고 살라는 말인가? 책임질 일을 했으면 끝까지 책임을 다해야 하고, 모르면 배워서라도 책임을 다해야 하는 게 결혼이다. 자신을 선택한 그 사람이 후회하는 인생을 살도록 하지는 말자.

아래 제시하는 7가지 비결은 오래도록 행복한 결혼 생활을 한 노부부들의 공통점에서 찾았다. 그들은 오래전부터 사랑에 빠졌고, 지금도 사랑에 빠져 군건한 부부생활로 행복한 가정을 이루었다. '나'가 '우리'가 되고, '내 것'이 '우리 것'이 되면서 개인의 생활이 가정의 생활로 변화하는 과정은 하루아침에 한다고 끝나는 것이 아니다. 평생을 거쳐 노력하고 공부하고 점검해야 가능한 일이다.

첫째, 경제적 안정을 위해 노력한다.

경제적 안정을 위해서는 큰 노력이 필요하다. 성실하게 꾸준히 일하고, 수입의 범위 내에서 살면서 저축한다. 부부 공동으로 함께 계획하고 규칙을 정해서 수입과 지출을 계획하고, 저축하는 훈련을 한다. 특히, 결혼 전부터 달성하고자 하는 목표가 있었다면 결혼 후에도 서로의 목표를 달성하기 위해 지원해주고 응원해준다.

둘째, 성격적인 다름을 인정한다.

서로 다른 환경과 함께, 남녀의 사고방식에는 자연스럽게 다름이 존재한다. 사랑에 눈이 멀 때는 잘 인지하지 못했던 부분이 온종일 함께 생활하면서 성격 차이와 생활 습관의 다름에 부대끼게 된다. 모든 차이를 인정하고 대화를 통해 조율해가야 한다. 싸우지 않는 부부는 없다. 다만, 오래 싸우지는 말아야 한다. 서로 의사소통하며 충분히 대화해야 한다.

셋째, 육체적인 사랑도 필요하다.

결혼 생활에서의 부부 관계는 둘 다 만족하는 관계여야 한다. 육체적인 사랑과 스킨십에 대한 만족도는 행복한 결혼 생활의 지표가 되기도 한다. 나이가 들어도 소소한 스킨십과 애정 표현으로 친밀함을 유지하도록 노력한다.

넷째, 식생활 기호를 존중하며 맞춰간다.

사람은 각자 입맛이 다르고, 어릴 적부터 식생활 습관이 길러져서 쉽게 고치기가 어렵다. 식습관은 건강에 영향을 미친다는 것을 기억하고 서로 좋아하는 음식과 건강에 좋은 음식에 대해 기호를 존중한다. 부모의 입맛에 따라 자녀의 건강이 결정되므로 맛있고 건강한 식생활을 목표로 서로의 이견을 조율한다.

다섯째, 육아 가치관을 함께 세운다.

자녀로 인해 하루에도 수십 번 천국과 지옥을 오가는 경험을 하게 된다. 자녀를 양육하면서 부모는 사랑, 인내, 공감, 훈육에 대한 서로 간의 의견이 달라질 수 있다. 자녀를 한 명의 성숙한 사람으로 성장시키는 데 부모의 역할이 크다는 것을 깨닫는 과정을 거쳐 현명한 부모가 되기 위해 서로 노력해야 한다. 자녀의 성장과 발전을 위해 효과적으로 양육하는 방법에 대해 미리 육아 가치관을 세우는 것도 좋다.

여섯째, 양가 가족에 공평하게 대한다.

결혼은 배우자뿐 아니라, 배우자의 가족과도 결합하는 것이다. 배우자의 가족과 좋은 관계를 맺기 위해 노력하고, 내 부모님께 하듯 배우자의 가족에게 한다면 부부싸움을 할 일이 없어진다. 자신의 가족 중심적인 방향보다 배우자 쪽도 함께 공평하고 공감하는 마음으로 대해야 한다.

일곱째, 가정을 우선시한다.

부모에게서 독립하여 결혼하였으면, 우선순위는 가정이 되어야 한다. 매일 함께 산다고 가정에 소홀해선 안 된다. 가족활동을 통해 사랑의 유대감을 발전시켜 나가야 한다. 특별한 가정행사로 자녀에게 좋은 추억을 많이 만들어주면, 훗날 자녀에게 힘든 일이 생길 때 자녀를 지지해주는 힘이 된다.

누구에게나 처음인 결혼이다. 결혼을 통해 각자 희생하기보다 플러스가 되는 삶을 살고 싶어한다. 서로 사랑하고 존중하며 살아야 하는 것은 아는데, 어떻게 조율해서 함께 잘 살아야 하는지는 학교에서도, 어디에서도 배운 적이 없다.

실제로 어긋나 버린 결혼 생활을 바로 잡으려면 많은 시간과 노력을 들여야 한다. 뒤늦게 바로잡는 데 투자할 시간과 비용에 비한다면 차라리 결혼의 시작점에서 약간의 노력과 관심은 아주 사소한 것에 속한다. 서로 다른 환경과 개성을 가진 두 사람이 결혼을 통해 자녀를 낳아 한 가정을 이룰 때, 미처 배우지 못했던 행복한 결혼 생활의 비결을 미리 알고 공부한다면 오래오래 행복한 생활을 유지하는 데 도움이 될 것이다.

주부를 대상으로 한 어느 교양강의 시간, 교수가 한 여성에게 칠판에 절친한 사람 20명의 이름을 적어보라고 하자, 그녀는 가족, 이웃, 친구, 친척 등 20명의 이름을 적었다. 교수는 이 중 덜 친한 사람의 이름을 지우라고 했다. 가장 먼저 그녀는 이웃의 이름을 지웠다. 교수는 다시 한 사람의 이름을 지우라고 했다. 그렇게 회사 동료, 친구, 친척 등 많은 사람의 이름이 지워졌다.

드디어 칠판에는 단 네 사람만 남았다. 부모와 남편 그리고 아이. 교수는 다시 한 명을 지우라고 했고 그녀는 망설이다가 부모의 이름을 지웠다. 또다시 한 명을 지워야 할 때, 그녀는 한참을 고민하다 각오한 듯이 아이의 이름을 지웠다. 그리곤 펑펑 울기 시작했다. 그녀가 진정이 된 후 교수가 물었다.

"남편을 지우지 않은 이유가 무엇입니까?"

모두 숨죽이고 그녀의 대답을 기다렸다.

"시간이 흐르면 부모님은 세상을 떠날 것이고 아이는 자신의 가정을 만들어 나를 떠날 것입니다. 일생을 함께 지낼 사람은 남편뿐입니다."

'진정한 친구 1명만 있어도 성공한 인생'이라고 흔히 말하는데, 부부는 친구 이상의 의미다. '부부는 같은 곳을 바라보며 먼 미래를 향해 여정을 떠나는 배와 같다'고 했다. 때로는 등대가 되어주고, 돛도 되어주며 그렇게 의지하며 인생의 종착역을 향해 함께 달려가는 것이다.

결혼이란, 기다란 젓가락만을 사용하여 식사하는 상황과 같다. 식탁에 마주 앉은 두 사람이 긴 젓가락만으로 식사해야 한다고 가정해보자. 긴 젓가락을 사용해 식사하려면 음식을 집기도, 집은 음식을 입에 넣기도 매우 불편하고 먹을 수조차 없다. 그러나 서로 긴 젓가락을 사용해 상대의 입에 음식을 넣어준다면 어떨까?

긴 젓가락이 유용하게 제 기능을 하면서 서로에게 고마움과 친밀감을 느끼며, 평화롭고 다정하게 음식을 즐기는 식사 자리가 될 것이다. 결혼 생활도 이와 마찬가지다. 누군가 이기적인 태도를 보이기 시작하면 관계엔 긴장이 생긴다. 배우자에게 우선순위가 아닐지도 모른다는 가능성만으로도 위기가 고조된다. 이기적인 행동을 하는 배우자에게 사랑과 친밀감을 느낄 수 있을까?

결혼의 근간을 흔드는 배신의 시작은 바로 배우자를 우선순위에서 배제하는 것이다. 둘을 하나로 만드는 가장 기본적인 신뢰에 의심의 씨앗을 뿌리는 결과를 낳는다. 긴 젓가락으로 각자 식사하게 만드는 불합리한 상황이 되고 만다.

배우자를 우선순위에 두고 일상을 살아간다는 것은 든든한 보험을 드는 것과 같다. 갑자기 닥친 교통사고처럼 삶의 어두운 순간에도 당신의 손을 잡고 걸어줄 사람이기 때문이다. 배우자를 우선순위에 두는 결혼은 위기의 상황에서 빛을 발한다.

어려운 일 앞에서 견고한 파트너십을 확인할 수 있다. 어떤 상황에서도 서로를 향한 신뢰를 잃지 않고 용기를 북돋워 준다. 상대에게 소중한 존재라는 확신은 불확실한 세상살이에 더없는 자원이 되어, 포기하지 않고 견뎌낼 당당한 이유가 되어준다. 그 이유로 세상에 맞서서 당신의 삶을 너끈히 살 수 있다.

사이좋은 부부 관계는 삶의 질을 높이고 인생을 풍성하게 만든다. '만족스러운 삶의 조건에 행복한 결혼은 필수요소' 라고 많은 연구에서 밝히고 있다. 배우자가 우선순위여야만 가능한 일이다. 배우자를 우선순위에 두는 사람은 부부 관계에 갈등을 끌어오지 않는다. 갈등은 '우리' 보다 '나' 가 우선이 될 때 발생한다. 관계를 우선시하면 개인으로서의 자신의 욕구 충족은 자연스럽게 후순위가 된다. 상대의 욕구에 더 민감한 이유는 상대의 행복이 자기의 행복으로 직결되기 때문이다. 배우자를 귀하게 대하는 사람들은 대부분 훌륭한 인격의 소유자다. 또한 건강한 자아와 정서를 가지고 있다. 자신을 건강하게 사랑하기 때문에 타인도 건강하게 사랑할 줄 안다. 자기 존중감이 높기에 자신을 선택한 사람 역시 존중받아야 하는 존재라는 것을 잘 안다. 이런 사람은 다른 관계에서도 좋게 평가받는다.

자신의 결혼이 만족스럽지 못한 상태라면, 자신을 먼저 점검해 보아야 한다.

관계의 기술을 잘 사용하고 있는가?
건강한 관계를 맺기 위해 노력하고 있는가?
배우자를 귀하게 대하고 우선순위에 두고 있는가?
사랑받을 만한 태도로 맡은 역할을 잘 해내고 있는가?
자신을 선택한 사람을 행복하게 만들어 주는 일이 의미 있고 보람된 일인가?

받고 싶은 갈망이 있다면 먼저 주어야만 채워진다. 당신의 기대와는 다른 답을 들을 수도 있겠지만, 배우자가 결혼 생활에 만족하고 있는지 물어보자. 당신이 최선을 다한 노력이 배우자에게도 만족스러운 것인지 확인해보아야 한다. 대체로 주관적 판단이 배우자의 동의를 구하지 않아 이기적인 독선으로 인식된다.

결혼이라는 자원을 잘 관리하기 위해서는 열심히 배워야 한다. 올바른 지식은 배우자에게 대하는 태도를 바꾸어줄 것이다. 결혼과 배우자를 지키기 위한 자질을 갖추고 사랑받을 만한 더 나은 배우자로 만들어줄 것이다. 최고의 자원이 되어주는 서로에게 우선순위를 허락하자. 그것이 행복으로 가는 지름길이다.

7장

불륜에 대한 모든 것 Q&A

1. 상간 소송, 꼭 해야만 할까요?

상간자 소송은 무고한 가정에 큰 상처를 주고 위험한 불륜 상대에게 법적 책임을 묻는 것입니다. 가정이 있는 사람인 것을 알고도 관계를 맺었다면 응분의 대가를 치르게 하는 게 옳아요. 다만 각각의 사례별 특수성이 고려되어야 해요. 단순히 분풀이 수단으로 여길 일이 아닙니다. 따끔하게 혼을 내주고 싶은 마음이야 이해하지만, 소송에 따르는 부작용이 있을 수 있어요. 혹시라도 맞소송의 여지는 없는지 여러 가지를 따져 보아야죠.

가장 좋은 방법은 전문가의 조언을 듣는 거예요. 여러 측면을 고려해서 소송을 제기하는 것이 가능한지 또 무엇을 얻을 수 있는지 숙고해야 합니다. 소송의 과정에서 떠올리고 싶지 않은 일을 떠올려야 하는 괴로움도 무시할 수 없답니다.

혹시 불륜 배우자가 반발하지나 않을지 배우자 눈치를 살피느라 소송을 망설이는 경우가 있습니다. 마치 배우자를 공격하는 것처럼 느껴져 상황이 더 나빠지지나 않을지 염려합니다. 그토록 상처를 준 사람을 여전히 소중히 여기는 것이죠. 훗날 자신이 아무런 조치도 취하지 못하고 수동적으로 대응한 것 때문에 억울할 수 있답니다. 부랴부랴 봉합하고 넘어가느라 법과 제도권 안에서 보상받을 기회를 놓치고 후회합니다. 무엇으로도 보상되기는 어렵지만, 잘못을 공권력으로 분명하게 판결하는 것은 다소의 위로가 되겠죠. 당신의 결정을 배우자에게 알리지 않고도 잘 처리할 수 있으며, 그렇게 처리되는 경우도 많답니다.

  급한 것은 소송이 아니니까 충분히 생각할 시간을 가져야 합니다. 가정이 안정을 찾을 때까지 보류해도 좋습니다. 어떤 결정이든 격한 감정에 사로잡혀 있을 때는 피하도록 하세요. 전문가들의 도움을 적극적으로 받고, 여러 곳의 의견을 수렴하며 생각을 정리해보세요.
  이 부분에 대해서는 배우자와 관계없이 당신의 판단대로 결정하길 바랍니다. 사실 불륜 배우자는 이 문제에 대해서는 아무런 권한이 없는 사람이니까요. 그러나 분명 유쾌한 일은 아닐 겁니다. 불편하고 권한 없는 이슈를 나누어서 어려워질 필요가 없어요. 신중하게 판단해서 최선을 선택하세요. 이것을 계기로 마음이 좀 정리가 된다면 그것 또한 좋은 선택이 되겠죠.

2. 상간자에게 복수하고 싶은데,
   어떻게 해야 할까요?

　복수하고 싶은 마음이 왜 들지 않겠습니까? 할 수만 있다면 가능한 모든 벌을 주고 싶을 거예요. '시앗을 보면 길가의 돌부처도 돌아앉는다'는 속담이 있습니다. 남편이 첩을 얻으면 아무리 점잖고 무던한 부인네라도 시기를 하게 마련이라는 얘깁니다.

　진정한 복수를 하려면 잘못을 한 사람만 고통에 빠지고 나는 괜찮아야 합니다. 복수하려다 되려 자신을 해치게 된다면 그처럼 어리석은 일도 없을 것입니다. 배우자의 불륜 현장을 급습해 불륜 상대에게 엄청난 모욕과 상해를 입히는 경우가 종종 있습니다. 너무나 화가 난 나머지 생각할 겨를도 없이 본능적으로 행동한 대가는 참담합니다. 불륜의 잘못은 온데간데없고 상해죄를 저지른 가해자가 되어 가혹한 상황을 감내해야 합니다.

　당신이 가장 화나는 이유는 무엇입니까? 무엇 때문에 그토록 괴롭습니까?

　막연히 '배우자가 불륜했기에 화가 난다'고 생각한다면 어떤 복수를 해도 후련해지지 않습니다. 당신이 느끼는 화는 통념이거나 고정관념에 의한 실체가 모호한 화일 가능성이 높기 때문입니다. 설령 실컷 분풀이한다고 해서 마음이 후련해지고 위로가 될까요? 그런 식으로는 마음의 고통을 줄일 수 없어요.

　이번 사건을 통해 알게 될 더 분명한 이유가 있을 거예요. 어쩌면 깊이 숨겨져 있던 생생한 당신의 욕망을 마주하게 될지도 모르죠. 진정한 복수는 상대의 잘못 때문에 더 이상 고통당하지 않고 당신의 삶을 살아가는 것입니다. 당신이 더 나은 삶을 사는 게 진정한 복수가 아닐까요?

3. 불륜을 정리하고 돌아온 배우자가 계속 의심스러운데 그래도 믿어야 할까요?

상처를 많이 입은 배우자들은 이렇게 같은 고민에 빠집니다. 어쩔 수 없어 돌아오기는 했지만, 불륜 관계를 지속하는 건 아닌지 자꾸만 의심이 가거든요. 어렵게 관계를 회복해보려고 용기를 냈는데, 또다시 기만당하지나 않을지 두려워합니다. 한 번도 겪어내기 어려운 일을 거듭 겪을 수도 있다는 가능성 때문에 지레 포기하는 사람들도 많습니다. 여러 이유로 노력하기로 결심했다면 상대에게 시간을 주고 지켜보아야 합니다. 처음에는 믿기 어려운 게 당연합니다.

그런데 불륜자도 마찬가지라는 사실을 아시나요? 정말로 용서받을 수 있을지 어떤 처우를 받게 될지 몹시 불안해합니다. 실제로 불륜자들은 자신이 잠자는 동안 위해를 당하지나 않을지 심각하게 걱정하기도 한답니다.

자칫 산산조각이 날 뻔했던 관계를 안정된 관계로 만드는 데는 큰 노력이 필요합니다. 아이러니하게도 노력하는 시간 동안에 개인적인 성장이 일어납니다. 이전의 자신으로는 도저히 감당할 수 없는 일이었기에 자신의 마음을 찢어가며 넓게 됩니다. 여기까지가 당신이 할 수 있는 일입니다. 상대의 마음 상태나 앞으로의 행보에 대해 염려하고 통제하려는 시도는 무의미해요. 자신의 불안을 잠재우기 위한 시도가 자칫 관계를 더 망치기 쉽답니다.

　관계를 회복하기 위한 당신의 역할은 무엇인가요? 상대의 상황과 반응에 관계없이 당신이 계획한 바를 묵묵히 실천하며 지켜보세요. 믿을 만해서가 아니라 애써 믿어주는 거죠. 보수할 수 있는 관계인지 알기 위해서 말이에요.

4. 아직도 미칠 것 같은데
바람의 '바' 자도 못 꺼내게 합니다.

　참으로 안타까운 일이 아닐 수 없습니다. 가정을 보수하려는 시도가 실패하게 되는 큰 이유 중 하납니다. 불륜자가 자기 잘못으로 인한 혼란을 빨리 잠재우려고 은폐를 시도하고 있네요. 얼굴만 처박고 숨었다고 착각하는 타조와 다를 바 없습니다. 어떻게든 덮고 아무 일 없던 듯 살고 싶어하는 모양입니다. 본인도 어떻게 해야 하는지 모르지만, 가정이 깨지는 건 바라지 않기에 서두르는 거고요. 서슬 퍼런 배우자에게 제대로 된 사죄나 용서를 구할 자신도 없겠죠. 명백한 잘못에 대해 구차하게 변명하고 싶지도 않고 두고두고 꼬투리가 될까봐 두렵기도 할 겁니다. 무엇보다도 자신의 권위가 땅에 떨어진 현실이 수치스러워 견딜 수가 없어 피하는 거죠. 유치한 이기심을 보이고 있네요.

　이런 불륜자의 태도는 상처 입은 배우자의 분노를 유발합니다. 제대로 된 사과조차도 없이 얼렁뚱땅 넘어가려는 태도는 무시당하는 것으로 인식되기 때문입니다. 씻을 수 없는 상처를 주고도 뻔뻔하게 잘못을 인정하지 않는 것처럼 보입니다. 상처 입은 쪽은 명명백백 잘못을 가리고 다시는 재발하지 않을 것이라는 확신을 바랍니다. 불륜자는 어차피 벌어진 일 시시비비를 따지지 말고 깨끗이 용서하고 넘어가 줄 것을 바라고요.

이 매듭을 풀기 위해서는 안전하고 어른스러운 대화의 장이 필요하겠습니다. 서로를 존중하며 비난받지 않고 진심을 터놓을 수 있으면 단 한 번의 대화로도 해결될 일입니다. 진솔한 대화의 장에서 서로의 마음이 연결되면 기적이 일어나거든요.

특별한 날과 장소를 정해서 사죄하고 용서하며 화해하는 의식이 필요합니다. 이 의식을 행하기에 앞서 미리 각자의 역할에 대한 이해와 연습이 필요합니다. 이 자리는 괴로움을 하소연하고 잘못을 변명하는 자리가 아니라는 것, 지난날과 현재 사이에 분명한 경계를 세우고 두 사람이 마음을 모아 앞으로 나아가기로 새로운 약속을 하는 자리라는 것을요. 형식적으로 느껴질 수 있지만, 일정한 형식 속에서 마음과 감정을 가다듬고 정중하게 대하는 게 사실 더 쉽습니다. 자칫 감정의 소용돌이에 빠져 애써 준비한 것이 무위에 그치면 안 되니까요.

서로가 이 시간에 대한 중요성을 인식하고 진지하게 준비하세요. 이 순간 얼마나 진심으로 임하고 있는지 상대가 느낄 수 있다면 순조롭게 진행될 것입니다. 우선 상처 입은 배우자가 자신의 감정과 생각을 이야기합니다. 불륜자는 진심으로 경청하며 수용해 줘야죠. 말하는 사람의 입장이 되어 '그렇구나'로 받아들이는 거예요. 화자의 말이 모두 옳다고 동의하는 게 아니라 단지 그 사람의 입장이 그렇다는 것을 알아주는 겁니다. 서로의 입장이 달라도 상대로서는 그럴 수도 있음을 수용한다는 거예요. 대체로 사람은 자기 생각과 다른 것에 대해 본능적으로 방어하고 싶어집니다. 방어하지 않고 청자의 역할을 해내는 게 중요한데요, 연습이 필요한 이유랍니다.

이 과정을 부부가 번갈아가며 각자 서로 하고 싶은 말을 합니다. 각각 큐시트를 작성해서 리허설해 봅니다. 사전에 할 말을 정리하고 상대가 거부감 없이 들을 수 있도록 말하는 연습을 합니다. 물론 방어하지 않고 잘 듣는 연습도 합니다.

편지를 준비하는 경우도 많아요. 익숙하지 않은 분위기 때문에 횡설수설하기 쉬운 상황을 막기 위해서요. 이를 위해 준비하는 기간에 마음에 맺힌 많은 응어리가 풀어지기도 해요. 서로의 마음을 오가며 상대의 심정을 전달하다 보면 오해와 경계가 풀립니다.

비록 짜고 치는 고스톱 같은 의식일지라도 하고 나면 얼마나 필요했었는지 알게 됩니다. 그동안 부정적인 감정에 사로잡혀 적대적이던 태도를 전환하기에 더할 나위 없이 좋습니다. 노력했던 것이 쌓여 적대감을 물리치고 점차 호감이 싹트게 됩니다. 냉랭했던 관계를 되살리는 데는 이렇게 의지적인 노력이 꼭 필요한 이유죠. 아직 감정은 멀리 있어도 호의적인 태도로 대하면 점점 적응되고 우호적인 관계가 됩니다. 친절함을 유지하는 게 키포인트이니 잊지 마세요. 상대를 계속 호의적으로 대하면 우리의 뇌는 좋아하는 사람으로 인식하기 시작합니다. 정말 좋아하게 되거든요.

그간 쌓인 부정성에 저항해 긍정적 상호작용 패턴을 만들어야 합니다. 감정이 생길 때까지 기다리기로 한다면, 절대로 그날은 오지 않을 겁니다. 부정성이라는 게 시간이 지난다고 저절로 좋아지는 쉬운 녀석이 아니거든요. 도리어 강화되기 쉽답니다. 상호작용의 패턴을 새롭게 만들기 위해서는 의지적 노력이 절대적으로 필요합니다. 관계를 개선하겠다는 굳은 결심과 새로운 약속으로 긍정적 상호작용을 배우고 실행해야만 가능합니다. 그 과정을 통해 서로가 성숙해지고 안정된 관계로 나아갈 수 있습니다. 이 방법이 가장 탁월한 방법이라는 것을 수많은 사례를 통해 확인하였습니다. 불륜 사건은 반드시 이런 과정이 필요합니다. 그래야 상처받은 배우자의 마음속에서 원망과 불신의 씨앗을 뽑아낼 수 있기 때문입니다.

5. 서로 밑바닥까지 봤는데 결혼 생활을 회복할 수 있을까요?

배우자의 불륜은 있는 줄도 몰랐던 원초적 감정을 폭발시킵니다. 이성은 온데간데없고 상처 입은 한 마리 들짐승이 되어 울부짖게 해요. 겪어 보지 않은 사람은 결코 알 수 없는 오만가지 감정에 휘말려 자기다움을 상실하게 합니다. 세상 누구보다도 깊게 결속되었던 관계이기에 배신에 대한 고통을 분노로 터트리게 됩니다. 그리고 그 분노 때문에 더 깊은 상흔을 남깁니다. 상처 입은 배우자의 고통은 잔인한 화살이 되어 불륜자를 공격합니다. 불륜자는 자신을 보호하기 위해 반격하고요. 서로가 적이 되어 대립하면서 관계에 깊은 골을 만들어 내고 말아요.

상처 입은 배우자가 분노를 폭발하며 무너져내리는 모습은 아름답지 못하죠. 불륜자는 자기 잘못으로 벌어진 일인데, 변명을 일삼으며 도망치는 모습은 비겁하기까지 하고요. 운명적 사랑이 추잡한 스캔들이 되어 모욕당하는 비극을 겪고 자신이 선택한 배우자의 실체에 절망하게 됩니다.

그런데도 다시 추슬러서 바로 세우려고 서로의 손을 맞잡는 것이야말로 위대한 사랑의 힘이라고 할 수 있습니다. 상처를 넘어서고 수치심을 떨쳐내면서까지 지키려고 한 사랑을 기억해내세요. 밑바닥을 보았기에 절망하는 것이 아니라, 드디어 밑바닥까지 공유한 사이가 된 거예요. 포장지를 모두 풀어헤친 실존으로서 서로를 수용하기로 한 거죠. 물론 그러기 위해서 어른이 되어야만 할 거예요.

6. 다시는 예전으로 돌아갈 수 없다는 생각에 절망스러워요.

그래요. 이제 결코 예전으로 돌아갈 수는 없습니다. 예전으로 돌아가선 안 되기 때문이에요. 일상이 무너지면 지난날을 회상하며 몹시 그리워하게 됩니다. 문제는 비현실적으로 미화시켜서 회상한다는 거예요. 마치 완전한 행복 속에 있던 것처럼 회상하면서 현실을 더욱 비참한 것으로 인식합니다. 실상은 그때 무언가가 잘못되어서 현재가 고통스럽게 된 것인데 말이죠. 감당하기 힘든 고통의 억울함이 지난날에 색을 입혀 송환하는 건데요. 고통을 겪는 우리의 마음은 자주 비합리적인 착각을 일으키곤 해요.

예전을 그리워하는 마음 때문에 괜한 고통을 받지 말아야 하는 이유랍니다. 당시는 평화로웠다고 생각했을지라도 결과적으론 분명 문제가 진행되고 있었거든요. 드러나지는 않았지만, 문제의 씨앗을 품고 있던 그때보다는 차라리 모든 것이 드러난 지금이 나을 겁니다. 돌이켜보면 언제고 터져 나올 문제를 안고 있던 그때가 더 위험한 때였어요. 이제는 잘 보수하고 수습할 일만 남았으니 이만하기 다행인 거죠.

괜스레 불안정했던 때를 그리워하기보다는 가정과 부부 관계와 당신의 삶이 풍성해지도록 힘써야 합니다. 그 노력 자체만으로도 당신은 많은 걸 얻게 될 테고 충분히 그럴 만한 가치가 있는 일입니다.

7. 불륜자를 용서하고 결혼을 유지하려는
나 자신이 너무 초라하고 비참합니다.

어떤 생각이 당신을 초라하게 만들었나요? 아마도 당신을 버리고 새로운 이성을 찾아 나선 배우자의 많은 변명이 당신을 비참하게 만든 모양입니다. 어쩌면 당신은 배우자의 불륜엔 버리고 떠나는 것만이 답이라고 믿고 있을지도 모르겠군요. 누구나 내 일이라고 겪기 전에는 그것을 당연하다고 생각합니다. 그 때문에 불륜 사건은 더 복잡해지고 어려워집니다. 정해진 답을 따르지 못하는 자신을 받아들이기 힘들기 때문입니다. 이러지도 저러지도 못하는 자신에 대한 절망을 상대에게 모두 덮어씌워서 화가 치밀어오릅니다.

그 생각의 뿌리에는 신적 추앙을 바라는 열렬한 소망이 자리하고 있기 때문입니다. 세상의 단 한 사람만이라도 자신을 중요하고 소중한 존재로 인식해주기를 열망하는 거죠. 그리고 그 사람은 당연히 배우자여야 한다고 맹신합니다. 문제는 이런 맹신에 대한 인식이 무의식에 잠겨 있다는 것입니다. 이 강력한 욕구가 발생한 연유에 대한 여러 추론과 이론 중 무엇이 진실인지는 알 수 없습니다. 다만, 우리의 무의식에 깊이 새겨져 있다는 것만은 부인할 수 없겠습니다. 아마도 독점적 관계를 정당화하는 문화의 영향일 수도 있고요. 고정된 관념을 흔드는 사건이 벌어지면 관념과 현실의 극명한 차이를 절감하게 됩니다. 그럴 때면 과감하게 관념의 실체를 해체해 봐야 합니다.

현실과 동떨어진 관념은 그 자체로 삶에 걸림돌이 됩니다. 만약 배우자로부터 신적 추앙을 받고자 하는 유전자가 있다면 양쪽 모두에게 있겠죠? 그렇다면 서로를 추앙하는 관계가 되어야 공평하고 평화롭게 유지되겠죠? 그렇게 되기 위해선 서로 의사소통이 원활해야 할 테고 질문도 많을 겁니다. 서로의 욕구를 제대로 채워주기 위한 실제적인 노력이 따라야 할 테니까요.

당신의 결혼 생활은 어때요? 그 암묵적 약속까지 잘 지키는 부부 관계였나요? 그렇다면 배우자의 배신을 도무지 이해하기 어려울 겁니다. 당신이 결혼에 남기로 선택하는 것이 불합리한 이유겠네요.

이것은 불륜자를 옹호하기 위한 궤변이 아닙니다. 불완전한 존재들이 삶 속에서 실수하고 잘못을 저지르는 일은 매우 흔해요. 그런 일에 비현실적인 기준으로 사고하는 것이 문제가 된다는 걸 짚고 싶었습니다.

　당신이 결혼에 남기로 한 결정이 결코 비참해서는 안 되는 일이라는 것을 알기 바랍니다. 관념 속에서가 아니라 당신이 실존하는 현실에서 당신의 삶은 이어지고 있습니다. 당신의 삶을 위해 더 나은 선택을 했다면 그게 옳은 겁니다. 그 외에 불필요한 관념들은 내다 버리고 당신이 선택한 삶이 더 좋은 삶이 되도록 노력하면 됩니다. 당신은 그만한 자격이 충분히 있으니까요.

8. 배우자의 불륜 장면이 계속 떠올라
   아무것도 할 수가 없습니다.

　대부분의 상처 입은 배우자들이 호소하는 고통입니다. 얼마나 고통스러운지 상상하기 어려울 정돕니다. 생각하지 않으려 노력할수록 발작적으로 떠오르는 생각에 사로잡히게 됩니다. 고통스러운 사건을 겪은 마음은 PTSD외상 후 스트레스 장애 증상을 보입니다. 지나간 시간 속에서 벌어진 일이 현실에서 벌어지는 일로 생생히 느끼며 고통에 빠집니다. 배우자의 불륜은 사실과 상상으로 부풀려진 잔혹 영상으로 편집되어 끝없이 재생됩니다. 모든 종류의 포르노그래피가 총동원되어 세상 어디에도 없는 추악한 영화가 되고 맙니다.

　배우자가 자신과 나누었던 성행위를 다른 사람과도 나누었다는 사실은 견디기 어려운 고통을 줍니다. 가장 은밀하고 사적인 부분을 타인과 공유했다는 생각은 부부만의 단단한 결속력을 급격히 해칩니다. 더 이상 타인과 구별되는 특별함이 사라진 것처럼 느껴집니다. 특히 성관계를 관계의 가장 중요한 부분으로 인식하는 남성 쪽에서 더 큰 고통을 느낍니다. 정서적 친밀감을 중요시하는 여성에 비해 성적 친밀감을 더 중요하게 느끼기 때문입니다. 아내의 불륜으로 고통받는 남편들이 괴로운 상상 때문에 일상에 어려움을 호소하는 경우가 드물지 않은 이유입니다.

이런 생각은 근거가 부족한 상상에 불과하며 정신을 피폐하게만 할 뿐입니다. 고통스러운 생각으로 인해 겪는 손실이라는 것을 인식해야 합니다. 부정 정서로 인해 빼앗기는 에너지 때문에 부부 관계가 더욱 나빠진다는 것을 명심하세요. 이를 위해 열심히 훈련해야 합니다. 그런데도 의식적인 노력이 효과를 거두지 못할 때 극약처방이 있습니다.

우선 괴로운 생각을 멈추는 훈련이 필요하지만, 그 훈련으로 성과가 없을 때 적용할 수 있습니다. 자신의 머릿속에 떠오르는 상상을 피하지 말고 직시하는 것입니다. 그 흉측한 포르노그래피를 신물이 날 때까지 보고 또 보세요. 고통에 완전히 잠겨서 고통에 둔감해지는 걸 택하는 겁니다. 뜻밖에 놀랍게도 효과가 좋았습니다. 이를 '체계적 둔감화 행동치료기법'이라고 합니다. 거미에 트라우마가 있는 사람에게 거미를 피하는 방법을 권하기보다는 거미와 서서히 접촉하여 체계적으로 거미에 둔감화되도록 학습하게 함으로써 공포를 이겨내는 겁니다. 건강하고 주체적인 자기화로 결국 스스로 공포를 극복하고 내면을 강하게 유지하는 역량을 발휘합니다.

9. 사람은 고쳐쓰는 게 아니라는데,
   다시 바람피우지 않을 거라고 어떻게 믿죠?

한 번도 안 피운 사람은 있어도 한 번만 피운 사람은 없다든 가, 바람피운 사람은 고쳐쓰는 게 아니라든가 하는 불륜에 관한 설화급 낭설 중 이만큼 파괴적인 설도 없습니다. 이런 근거 없는 논리 때문에 노력의 의지를 상실하기도 합니다. 물론 되풀이되는 불륜의 유형도 없지 않습니다. 불륜자의 기질적 성향에 의한 불륜은 특별히 더 당사자의 뼈를 깎는 각오와 노력이 없이는 어렵습니다.

그러나 부부가 한마음으로 가정을 보수하면 대부분의 불륜은 종식됩니다. 기질적 유형을 제외한 불륜의 재발은 진정한 화해가 이루어지지 않았기 때문에 재발한 겁니다. 지난 불륜에서 제대로 처리되지 못한 찌꺼기가 두고두고 부부 사이를 헤집어 결국 같은 일을 반복하게 합니다.

불륜 사건은 부부 관계가 암에 걸렸던 일입니다. 절대로 대충 넘어가서는 안 됩니다. 처치만 제대로 한다면 재발을 걱정하지 않아도 됩니다. 불륜 사건을 계기로 대대적인 점검과 보수가 이루어지면 이전의 결혼에서는 맛볼 수 없었던 안정된 행복을 누리게 됩니다. 애써 얻은 행복을 놓치고 싶지 않아서 불륜자 스스로 자신을 단속합니다. 지난 실수를 반면교사로 삼을 힘을 안정된 가정에서 얻을 수 있게 되었기 때문입니다. 이런 선순환이 가정을 견고하게 만들고 불행을 막아줍니다.

불안해서 의심하고 통제하는 것으로는 불가능할뿐더러 도리어 재발을 부추기는 결과를 낳습니다. 대부분 불륜 사건의 재발은 해결되지 않은 감정이 원망과 비난으로 되풀이되는 데서 기인합니다. 가정을 지키기로 결정했다면 가정을 선순환시킬 새로운 시스템을 장착해야 합니다.

10. 우리가 안 맞는 부부라서 이런 일이 생긴 게 아닐까요?

　서로가 너무나 달랐기 때문에 그토록 강렬히 이끌려 모든 가능성을 뒤로하고 결혼에 이른 겁니다. 그 다름이 서로를 다채롭게 했기 때문입니다. 사람들은 너무나 쉽게 지난날 자신의 결정을 후회합니다. 물론 할 수만 있다면 남 탓을 하면서요. 결혼에서의 남 탓은 배우자에게로 향하고, 일치하지 않는 모든 면은 평가절하되고 맙니다.

　신혼 시기는 서로를 조율하고 상대에게 맞는 배려를 배우는 시간입니다. 물론 충돌이 일어날 수도 있고 갈등을 경험하기도 합니다. 갈등을 통해 서로를 더 잘 알게 되고 조율하면서 맞춰 살아갈 수 있습니다. 어쩌면 조율되지 못해 미진했던 부분들이 틈이 되었을 수는 있지만 서로 다르기 때문은 아니에요. 그저 다름을 사랑으로 보아주던 당신의 마음이 변한 거겠죠.

11. 불륜자가 반성하며 노력 중이긴 한데, 과연 언제까지 노력할까요?

그것이야말로 아무도 모릅니다. 오직 신만이 아시겠죠. 불륜자도 이런 어려움을 또 겪고 싶지는 않을 겁니다. 하지만 누구도 다시는 그런 일이 벌어지지 않을 것이라고 장담할 수는 없습니다. 재발 방지를 위해서는 기본적으로 당사자가 다시는 되풀이하지 않겠다고 단단히 각오해야 합니다.

또한 배우자와의 결혼 생활이 개선되어 부부 관계가 좋아지고 만족감이 높아져야 합니다. 불륜으로 내몰았던 조건들이 개선되지 않고 단단한 각오로만 맞서라고 종용해봐야 소용없습니다. 그럴 수 있었다면 굳이 불륜에 빠져 낭패를 보지 않았을 테니까요.

다행히 잘못을 뉘우치고 나아지기 위해 노력하고 있다면 선의로 대응해주세요. 그 사람도 죽을힘을 다해 노력하는 중이랍니다. 그 노력을 끝까지 해내도록 당신이 걸림돌이 되지 않게 노력해야 합니다. 잘해보자고 격려는 못 해줄망정 잊을 만하면 꺼내서 비난하는 것은 학대나 다름없습니다. 상대가 아무리 잘못했어도 앙갚음할 권리는 없다는 것을 잊지 말아야 해요. 불확실성 속에서도 서로를 존중하며 관계를 어른스럽게 성장시키려고 노력해야 합니다. 안정된 상태에서만 가능한 일이 아니에요. 당신의 어른스러운 마음을 따라 배우자도 자기 잘못을 바로잡을 거예요. 당신이 보여주는 믿음과 관대함이 배우자가 진심으로 반성하는 토양이 됩니다.

12. 진심으로 변한 게 맞을까요?

　이에 대한 답은 시간이 흐르면서 명확히 알게 될 거예요. 지친 당신의 마음은 확실한 대답으로 빨리 안정감을 회복하고 싶겠지만 지금은 알 수 없습니다. 두 사람이 이 사건을 어떻게 잘 처리하느냐에 따라 그 사람의 마음도 자리를 잡을 거예요. 그러니 지금은 그의 마음이 어떤지 궁금해 하지 말고 당신 자신의 마음을 들여다볼 시간이에요.

　진심으로 관계를 다시 회복하고 싶다면 모든 힘을 모아 재건에 힘쓰세요. 무기력하게 관념에 사로잡혀 불확실한 상대의 마음 상태에 휘둘릴 때가 아니라 당신이 원하는 것을 위해 행동할 때입니다. 관계를 회복하고 싶다면 매력적인 배우자가 되어 사랑받기 위해 해야 할 것을 하세요. 쓸데없는 자존심 따위는 내다 버리세요.

13. 불륜한 주제에 이혼할 생각은 없다는데, 이게 말이 됩니까?

안타깝게도 너무나 말이 됩니다. 많은 불륜이 이런 저의를 갖고 진행되고 있습니다. 가정을 깰 만큼 절박한 것은 아니지만 자신의 욕구가 채워지지 않아 허기를 느끼는 경우입니다. 물론 모든 욕구가 정당하다고 합리화될 수는 없습니다. 느슨한 도덕성의 이유든 온기 없는 관계의 문제든 가정의 틀을 유지하고자 하는 경우가 많습니다.

감정과 욕구를 넘어서는 많은 이유가 가정을 유지하는 원동력이 됩니다. 자녀가 있다면 다른 어떤 이유보다 우선되기도 합니다. 결혼이 연애와 극명하게 대조되는 이유죠. 많은 사람의 삶이 직접적으로 연결된 결혼은 싫으면 헤어지는 연애와는 질적으로 다릅니다. 많이 기막혀들 하시지만, 기막힐 일은 또 아니라는 겁니다.

14. 내가 아니라 내 조건을 원해서 돌아온 것 같아 이용당하는 기분이 듭니다.

이 또한 불륜 사건의 뜨거운 이슈라고 볼 수 있습니다. 참담한 배신을 당하고도 사랑을 확인하고 싶어하는 마음은 놀랍고도 애처롭기만 합니다. 불륜은 사랑이 끝난 증거라고 절망하다가 그런데도 사랑을 증명하라고 요구하는 격입니다. 가정을 지키려는 이유가 자신을 사랑하기 때문이라고 절박하게 증명받고 싶어 합니다. 그것도 계산이 깔리지 않은 매우 순수한 사랑이기를 요구합니다. 막상 요구에 응할라치면 '그런데 어떻게 불륜했냐' 며 원점으로 돌아갑니다. 결국 답이 없는 답을 요구하는 격입니다. 이런 도돌이표 악순환 때문에 가정이 깨지게 됩니다. 어쩌면 불륜은 그저 도화선이었을지도 모릅니다.

우리의 고정관념 중에는 순수한 사랑에 대한 지독한 오류가 자리잡혀 있습니다. 유독 높은 기준이 적용되는데 그것은 무조건적이어야 한다는 겁니다. 아무 계산이나 기호 없이 그냥 사랑하는 거라고요. 그런 사랑이 진짜로 존재하는지는 알려고 하지도 않습니다. 있지도 않은 파랑새를 찾아 헤매는 것과 다를 바 없습니다.

인간의 사랑 중 가장 고귀하다는 어머니의 사랑도 미운 짓을 일삼는 자식 앞에서는 무너지기 일쑤인데요. 자신보다 더 소중한 존재에 대해서도 변덕스럽기만 한데 타인의 만남인 부부 관계에서 증명될 길이 있을까요? 당신과 함께하는 삶에 대한 유익을 따지는 것은 당연한 일입니다. 그 또한 당신의 가치 중 일부니까요. 그렇다면, 당신은 아무 조건 없이 상대를 사랑하고, 받아주었나요?

15. 아직 용서할지 말지 결정하지도 않았는데, 배우자와 같이 살아도 될까요?

배신을 저지른 배우자를 어떻게 대해야 할지 몰라 난감할 수 있습니다. 그 사람이 저지른 잔인한 잘못에 대한 실망이 크지만, 애정이 모두 사라지는 건 아니니까요. 그야말로 애증의 관계가 되는 거죠. 마음껏 미워할 수도 없고 사랑할 수도 없어 혼란스러워질 겁니다.

결과가 어떻게 되든 상대에게 무례하게 대하는 건 옳지 않아요. 무례한 당신의 태도 때문에 상대는 죄책감을 덜어내고 자기의 잘못을 합리화하게 되거든요. 어쩌면 이 모든 사태의 책임을 당신에게 돌릴 수도 있어요. 그런 빌미는 절대 제공하지 마세요. 그 사람의 죄가 자신만을 탓하도록 당신은 일정한 거리를 지키며 예의 있게 행동하는 게 좋습니다. 사태를 악화시키지 않고 지혜롭게 해결책을 찾는 길입니다.

16. 이제 나를 사랑하지 않는 게 틀림없는데, 가정을 지키는 게 무슨 의미가 있나요?

연애와 달리 결혼은 사랑만으로는 지속되지 않습니다. 물론, 사랑은 빠질 수 없는 중요한 하나의 요소입니다. 그러나 결혼에서의 사랑은 실제적 삶에 연관되면서 여러 가지 형태로 나타납니다. 보살핌과 용서와 수용과 너그러움 등으로 다양하게 표현됩니다. 배우자의 불륜은 비할 데 없는 배신이기는 하지만 꼭 '사랑이 없어서'라고 단정할 수는 없습니다. 그렇게 단순하게 분리해서 판단할 수는 없는 것이 우리는 모두 너무도 다양한 욕구를 가진 존재이기 때문입니다. 사랑하지만 자신의 욕구도 채우고 싶은 이기적 존재이기도 하지요.

결혼을 통해 구성된 가정공동체는 여러 사람의 삶이 복잡하게 얽혀 있는 운명공동체입니다. 공동체를 유지하기 위해서는 감정적인 사랑 외에도 현실적인 사랑이 필요합니다. 가능하면 공동체가 해체되는 것을 막고 서로의 삶을 보존하는 것이 합리적입니다. 공동체가 해체되어 발생하는 손실에 비해 유지하기 위해 보수하고 발전시키는 게 모두에게 유익합니다. 가정을 지킬지 말지를 결정하는 기준이 어느 한 가지일 수는 없겠죠. 전반적으로 신중하게 검토해서 모두에게 최선이 되는 결정을 하는 게 옳아요. 당신에게 현재보다 확실히 더 나은 대안이 있다면 검토할 필요조차도 없을 거고요. 그렇다면 뒤도 돌아보지 말고 떠나는 게 최선입니다.

17. 가정을 지키기로 한 것이
잘한 결정일까요?

　분명히 잘한 결정입니다. 당신이 여전히 혼란스럽다고 해도 가정을 지키기로 한 이유가 분명히 있을 테니까요. 급한 건 이혼이 아닙니다. 원하면 언제든지 할 수 있으니까요. 그러니 한 번 더 힘을 내서 가정을 재건해봅시다.

　당신이 원하는 가정을 만들기 위해 당신의 역할을 충실히 해내세요. 불륜한 배우자에게 다른 기대는 말고 당신의 노력을 귀하게 여기고 동참하는지를 살펴보세요. 당신이 정한 기한만큼 노력한 후에 냉정히 평가해서 가정에 남을 것인지 떠날 것인지 결정하면 됩니다. 그때쯤이면 애증으로 고통받던 당신의 마음도 단단해져서 떠날 준비가 되어 있을 겁니다. 그제야 비로소 미련 없이 당신만의 삶으로 나아갈 수 있을 거예요.

18. 불륜 후 관계가 더 좋아진 부부가
정말로 있나요?

　다행히도 많은 부부가 벼랑 끝에서 서로의 손을 단단히 잡더군요. 그들은 타성에 젖어 느슨해졌던 관계를 마주한 위기 앞에서 한편이 되어 싸웠습니다. 감당하기 어려운 시련이지만 서로를 잃는 것보다는 지키는 쪽을 선택했습니다. 불륜자는 진심으로 뉘우치고 상처 입은 배우자는 있는 힘을 다해 용서했습니다.

　이들 부부의 특징은 그간의 결혼 생활이 안정적이었다는 것입니다. 이 때문에 배우자가 받는 상처가 더욱 클 수밖에 없었지만, 비축된 사랑으로 이겨냈습니다. 불륜자는 불륜에 대한 책임에 대해 전혀 회피하지 않고 남의 탓으로 돌리지 않았습니다. 이 또한 배우자의 사랑에 대한 확신이 있기에 가능했습니다. 건강한 가정은 폭탄이 떨어져도 너끈히 이겨냅니다.

　반대로 결혼 생활에 빈틈이 많았던 가정이 위기를 극복하는 과정은 참으로 눈물겹습니다. 이런 기적은 한 사람의 놀라운 성장과 함께 일어났습니다. 대체로 상처를 입은 배우자 쪽에서 가정의 위기를 통해 자신을 성찰하면서 시작되었습니다. 그들은 고통스러운 상황 속에서 깨달음을 얻고자 고군분투하며 훈련했습니다. 한참 엇나가는 배우자를 견디며 자신의 역할을 게을리 하지 않았어요. 그들은 가정의 든든한 주체가 되어 자녀를 보호하고 흔들리는 가정을 안정시켰습니다. 의심의 눈초리로 도발을 일삼던 불륜자도 배우자의 의지에 믿음을 갖더군요. 드디어 함께 노력하자는 약속이 오가고 진심 어린 반성이 뒤따랐습니다. 불가능할 것 같던 기적이 많이 일어났습니다. 이제는 당신 차례군요.

19. 최근에 불륜이 더 많아지고 있다는데,
특별한 이유가 있나요?

어느 시대나 불륜은 결혼의 위협적인 그림자였습니다. 특히 현시대는 성에 매우 관대하고 개방적이며 과시적이기까지 합니다. 꼭꼭 숨기고 감추던 시절이 오래되지 않은데 참으로 놀라운 변화라고 볼 수 있습니다. 흔해 빠진 성적 요소 속에서 유혹은 필연적으로 되었습니다. 문화에 흥건히 젖어든 성은 가정의 경계도 함부로 침투하고 말았습니다. 부부 간의 정절에 유혹이 물밀듯이 밀려들곤 합니다. 너도나도 군중심리에 취해 흉내 내고 따라 하기를 마다하지 않습니다. 부부는 앞 다투어 서로의 욕구를 채우려고 분주히 떠돕니다.

동창 모임에서, 동호회에서, 직장에서, 같은 아파트 단지에서, 때와 장소를 가리지 않고 경쟁하듯이 불륜이 벌어지고 있습니다. '너도 하는데 나는 왜 못하느냐'고 하기까지 합니다. 그냥 시대가 그렇다고요. 이게 그 많은 불륜에 대한 변명으로 가장 그럴듯하지 않나요?

20. 왜 내게 이런 일이 일어났을까요?
이번 생은 망한 것 같아요.

그 마음 잘 압니다. 정신이 반쯤 나가서 세상과 동떨어져 있는 것 같은 그 황망함을 압니다. 당신에게 그 일이 벌어져서 너무나 안타깝습니다. 피할 수 있다면 꼭 피하고 싶은 고통 중에서도 손에 꼽을 아픔일 겁니다. 존재의 뿌리까지 흔들리는 듯한 절망감에 휩싸여 패배감에 젖어 있을 당신을 진심으로 위로합니다.

왜 일어난 일인지 알지 못하지만, 그 때문에 무너지지 않기를 바랍니다. 그리고 그 고통을 그냥 흘려보내지 말기를 바랍니다. 고통을 발판 삼아 당신이 더욱 단단해지고 넓어지기를 바랍니다. 그럴 수만 있다면 그 일이 당신의 삶을 망친 게 아니라 더 나은 삶으로 이끌었다는 걸 고백하게 될 겁니다. 당신이 꼭 나아지기를 간절히 소망합니다.

21. 아이들은 모르는 게 좋겠지요?

세세한 내용까지는 아닐지라도 자녀의 연령에 맞게 상황을 알게 해주는 것이 좋습니다. 무엇보다도 어른들의 문제일 뿐이라는 사실을 분명하게 알게 해주어야 합니다. 아이들은 자신 때문에 부모에게 문제가 생겼다고 받아들이기 쉽거든요. 자녀가 충분히 안심하도록 거듭해서 강조해주는 게 좋습니다. 부부 사이의 자세한 내용보다는 앞으로 어떻게 될 것인지를 알게 해주면 됩니다. '갈등이 생겼지만, 엄마 아빠 모두 너희들을 위해 최선을 다할 것이며 잘 해결하려고 노력하는 중이니 걱정하지 말라'고 해주세요. 그렇지 않다면 온갖 상상으로 불안을 느낄 수 있습니다. 자녀에게 애써 숨기려 해도 이미 다 느끼고 있거든요.

느껴지는 집안 분위기가 있는데 애써 괜찮다고 하면 더 불안해하며 감정을 숨기게 됩니다. 갈등이 있음을 시인하고 당신이 느끼는 감정도 알려주되 넋두리가 되지 않도록 주의하세요. 상한 마음을 자녀에게 위로받고 싶은 마음에 늘어놓는 넋두리는 불안 정서를 유발합니다.

세상에서 하나밖에 없는 엄마 아빠가 형편없는 사람이라는 사실은 자존감을 도둑질하고 맙니다. 배우자가 아무리 미워도 자녀에게 유일한 존재라는 걸 잊지 말아야 합니다. '죄는 미워하되 사람은 미워하지 말아야 한다'는 걸 실천하며 가르치는 시간으로 삼아보세요. 삶에 닥친 불행을 어떻게 이겨내는지 당신의 자녀가 생생한 증인이 되어줄 겁니다.

22. 불륜으로 주변 관계가 모두
힘들어졌습니다. 어떻게 해야 할까요?

배우자의 불륜 사건은 부부 두 사람만의 문제로 끝나지 않습니다. 자녀는 물론 각자의 가족과 다양한 그룹의 지인들까지 알게 모르게 영향 받게 됩니다. 불륜 사건에 어떻게 대응했는지에 따라 결과는 많이 달라집니다. 너무도 고통스러운 나머지 물불 가리지 못하고 감정을 표출했다가 도리어 열세에 처하는 경우도 많습니다. 감정에 휩싸여 자기다움을 잃어버린 사람을 대하는 것은 불편한 감정을 유발합니다. 타인의 정제되지 못한 날것의 감정이 자신들의 마음속에 가라앉혀 놓았던 불편한 감정을 불러내기 때문입니다. 처음에 한두 번 하소연을 들어주며 편이 되어주던 사람도 얼마 지나지 않아 거리를 둡니다. 에너지를 너무 많이 뺏기게 되기 때문이죠.

관계를 개선하기 위해 용기를 낼 필요가 있습니다. 가능하다면 개인적으로 만나 솔직하게 대화하는 것이 가장 좋습니다. 실수한 부분이 있다면 용서를 빌고 선처를 구해보세요. 그때 많이 힘들어서 그럴 수밖에 없었음을 이해해달라고요. 앞으로 좋은 삶이 되도록 노력할 것임을 알게 하고 응원을 부탁해 보세요. 자신의 나약했던 시간에 대해 솔직하게 인정하고 귀한 인연을 잃고 싶지 않음을 고백하세요. 그 인연은 당신의 삶에 엄청난 자원이며, 돈 주고도 살 수 없는 귀한 것입니다. 당신의 진솔한 마음이 통하는 인연이라면 다시 당신 곁으로 다가와 줄 거예요. 아니라면 당신 몫의 인연이 아니었다고 생각하고 다가올 새 인연을 위해 더 좋은 사람이 되어 보세요.

23. 배신당한 상처는 죽을 때까지 없어지지 않을 것 같습니다.

거듭 강조하지만, 자녀가 있다면 두말할 필요도 없이 부부가 힘을 합해 양육의 과업을 완성해야 합니다. 결혼해서 자녀를 출산했다면 두 사람의 인생보다 우선순위에 두어야 하는 과업을 맡은 거니까요. 기본적으로 성인이 될 때까지는 누구도 먼저 손을 놓아서는 안 됩니다. 당신이 자녀 때문에라도 결혼을 유지하기 위해 노력하기로 용기를 내어 다행입니다. 지금은 상처가 도저히 없어질 것 같지 않아도 부부 관계가 개선되면 그 상처가 아름다운 무늬가 될 수 있습니다.

배우자의 불륜에서 안정을 되찾는 데 걸리는 시간이 대략 18개월 정도라고 합니다. 당신의 상처도 아물 것이라고 말해주고 싶습니다. 대신 흉터가 남지 않도록 잘 처치해야겠죠. 상처가 덧나고, 흉지지 않도록 세심하게 보살피고 가꾸다보면 어느새 말끔히 치유된 자신을 만나게 될 거예요. 상처가 깊을 때는 도저히 나을 수 없을 것 같지만, 놀랍게도 당신의 생명력이 치유를 이룹니다. 상처가 당신을 어마어마하게 깊고 넓게 변화시켜서 자녀의 삶에서 안전기지가 될 겁니다. 자녀의 안정된 삶이 당신의 삶을 더 가치 있고 풍요롭게 할 것은 자명하니까요.

24. 결국 이혼했지만 어떻게 살아야 할지 마음이 추슬러지지 않습니다.

　개선의 노력을 해보자는 기회가 누구에게나 주어지지는 않습니다. 어느 쪽에서건 가정을 재건하려는 의지를 잃어버리면 큰 상처를 남긴 채로 끝이 나기도 합니다. 불행했던 결혼 생활이라 해도 가정이 깨지는 아픔은 가늠할 수 없을 만큼 큽니다. 결혼을 유지하며 견디는 것도 고통스럽지만, 노력의 여지도 없이 깨지는 것에는 비할 수 없습니다. 이혼 후 안정된 일상을 되찾으려면 최소한 5년의 기간이 필요하다고 합니다. 이혼의 충격이 얼마나 큰지를 가늠해 볼 수 있겠습니다.

　서두른다고 빨리 괜찮아지지 않습니다. 도리어 긴 호흡으로 삶을 재정비해야 하는 시간을 놓치기 쉽습니다. 어차피 벌어진 일이라면 수용해야 합니다. 현실이 수용되어야 내일을 위한 계획을 세울 수가 있습니다. 지난날을 돌아보며 안타까워한다고 달라질 것은 없어요. 채워야 할 고통의 양이 있다면 피하지 말고 묵묵히 채워보세요. 아직 너무 힘든 시간을 보내는 중이라면 그냥 아파해야죠. 그 아픔에 익숙해져서 더 이상 겁이 나지 않으면 결국 당신이 이긴 겁니다.

그 이후에는 당신 앞에 어떤 일이 닥쳐와도 너끈히 이겨낼 수 있어요. 분명히 그렇게 단단하고 큰 사람이 될 거예요. 괜한 말이 아니고 저 역시 겪어본 사람이라서 하는 말입니다. 강해진다는 건 결국 고통에 익숙해지는 과정이니까요.

25. 계속 한눈파는 배우자를 자녀 때문에 견디고 있습니다. 이게 옳은 걸까요?

옳을 수 있습니다. 당신이 그런 배우자로 인해 나쁜 영향을 받지 않고 의연히 당신의 삶을 살아내고 있다면 말이죠. 배우자가 어떠하든 그 사람이 할 수 있는 역할 이외에 기대하는 것이 없다면요. 기대가 없으면 고통받을 일도 없죠. 그러려니 하면 그에 맞춰 적절하게 부딪치지 말고 살면 될 일입니다.

그런데 상습적인 배우자의 못된 버릇 때문에 당신의 마음이 지옥을 들락거린다면 잘못된 일입니다. 당신의 부정적인 정서가 자녀의 마음에 독이 될 것이 뻔합니다. 그것은 결국 자녀를 위하는 것이 아니에요. 다만 아이들을 핑계로 떠나기를 주저하는 것일 수 있어요.

개선의 가능성이 전혀 없는 배우자를 견디는 이유를 알아보세요. 그럴듯한 핑계로 괴로운 자리를 벗어나지 못하는 원인을 밝혀야 해요. 그것은 아마도 부정적인 상황과 정서에 익숙해진 당신의 취약성이 발목을 잡는 것일 수 있어요. 당신도 모르게 배우자의 잘못에 기여하고 있는지도 모르죠. 적극적으로 원인을 찾아서 더 나은 삶을 선택할 수 있어야 합니다. 당신이 행복하지 못하면 자녀도 행복할 수 없답니다. 부모의 불행을 딛고 행복해지는 자녀는 없으니까요. 부모의 정서가 자녀의 정서적 기반이 되고 부모 삶의 모습이 자녀의 것이 되기 쉽습니다. 현재의 고통스러운 결혼에서 얻는 것과 잃는 것을 분명하게 알고 옳은 선택을 하기 바랍니다.

26. 불륜 상대자들의 심리는 어떤 건가요? 나쁜 짓이란 건 알고 있을까요?

　놀랍게도 당신과 다를 바 없이 지극히 일반적인 사람입니다. 불륜을 저지르는 사람들은 뭔가 특별할 것이라는 생각은 선입견입니다. 그들의 사연도 안타깝기는 마찬가지더군요.

　작정하고 불륜으로 뛰어드는 사람은 없습니다. 많은 사연이 자신을 보호하기 위한 경계를 무너뜨립니다. 무너진 보호벽 때문에 결국 후회할 선택을 하는 것이죠. 배우자의 불륜을 겪고 이혼한 사람이 불륜에 빠져드는 경우도 드물지 않았습니다. 너무도 취약해진 상태가 자신을 지켜낼 힘을 내지 못했기 때문입니다. 그들도 후회할 거고, 부끄러운 일이라는 걸 알고 있을 겁니다. 잘못된 선택으로 인해 받게 된 모욕에서 자신을 지켜내려고 뻔뻔해지는 것일 뿐입니다.

27. 불만족스러운 성관계 때문에 불륜했다고 하는데, 내키지 않을 때도 배우자의 요구를 들어주어야 하나요?

자기 몸에 대한 주도권은 자신에게 있습니다. 자신이 원하지 않는데도 상대가 요구하기 때문에 들어주어야 하는 건 아닙니다. 다만 부부 관계에서 성관계는 다른 누구와도 나눌 수 없는 독점적 소통 방법입니다. 이것에 대한 이해가 충분하다면 단지 하기 싫다며 무시할 사항은 아니라는 걸 알 수 있습니다. 더구나 성적 거절감은 부작용이 매우 큽니다. 부득불 거절해야 한다면 매우 세심한 배려가 동반되어야 합니다.

성생활 사이클에 대해서는 열린 대화가 매우 중요합니다. 서로를 배려하고 친밀감을 잃지 않기 위한 조율이 꼭 필요합니다. 한쪽은 독촉하고 한쪽은 도망다니는 패턴이 되지 않아야 합니다. 서로에게 좋은 사랑의 패턴을 찾아내면 결혼 생활이 풍성해집니다.

28. 모든 걸 정리했는데도 가정이 회복될 희망이 보이지 않습니다.

불륜에 빠지는 실수를 했지만 모든 걸 정리했고 배우자와의 관계 회복을 위해 노력 중인데 계속해서 똑같은 질문과 감정 폭발로 반복되는 나날이 있습니다.

아이를 위해서도 이혼까지는 안 가고 싶은데, 아무런 희망이 없어 보입니다. 과연 배우자가 용서해줘서 가정이 회복될 수는 있을지 근심만 커집니다. 이는 불륜 사건이 있었던 가정에서 흔하게 벌어지는 상황입니다.

상처 입은 배우자는 견딜 수 없는 상황을 받아들이는 데 어려움을 겪습니다. 고통을 이겨내는 역량은 사람마다 다릅니다. 어떤 이는 툭툭 털고 일어서는가 하면 어떤 이에게는 죽을 것 같은 불가능처럼 느껴지기도 합니다. 회복하는 능력이 탁월한 사람들은 상황판단이 빠르고 합리적입니다. 자신에게 더 좋은 쪽을 선택하는 능력이 탁월해서 결국 자신을 잘 돌보게 됩니다. 회복에 어려움을 겪는 사람들은 기질적이나 정서적 취약성 또는 원 가정의 양육 환경요인 등 여러 이유가 있을 수 있습니다. 전문가를 통해 도움받기를 추천합니다. 이 문제는 두 사람만이 해결하기 어려운 상황입니다.

당신이 잘못을 인정하고 가정을 지키기로 했다면 굳은 각오로 배우자의 고통의 시간을 견뎌줘야 합니다. 당신이 아무리 괴로워도 배우자만큼 괴롭지는 않을 겁니다. 배우자에게 당신이 도저히 견딜 수 없는 것에 대해서는 자제를 요청하세요. 당신이 덜 괴롭기 위해서가 아니라 '가정을 지켜내서 잘못을 만회할 기회를 얻고 싶다'고 분명하게 말하세요. 배우자가 여전히 질문이 많다는 건 당신의 갱생에 대한 확신이 부족하기 때문입니다. 당신의 각오를 진솔하게 편지에 써서 전해주세요. 배우자의 주된 질문에 대한 답을 진정성 있게 써서 주고 감정이 격해지려 할 때 읽어보면 좋습니다.

절대 포기하지 마세요. 배우자의 상처에도 딱지가 앉아 당신의 참회에 사랑으로 화답할 날이 올 겁니다.

29. 불륜을 알게 된 자녀가 거리를 두고 있습니다. 관계가 회복될까요?

　부모가 저지른 잘못은 자녀의 수치감이 되기 쉽습니다. 실망스러운 부모에 대해 거리를 두는 건 마음이 괴롭기 때문입니다. 실망한 마음을 모두 드러내기도 어렵고 아무렇지 않은 척하기는 더 어려우니까요. 더구나 피해를 당한 부모의 고통스러운 모습을 본 자녀는 불륜 부모에게 깊은 배신감을 느낍니다. 이럴 때 부모가 서로를 대하는 태도가 자녀들 태도의 기준이 됩니다. 서로 용서하고 호의적으로 대하는 부모의 상호작용 패턴은 자녀에게 귀감이 되고 존경심을 끌어냅니다. 자녀에게도 부모를 용서할 기회가 생기는 겁니다.

30. 불륜으로부터 가정을 지킬 수 있는
예방법이 있나요?

　사람의 마음이 어찌 변할지는 누구도 알기 어렵습니다. 결코 변할 것 같지 않던 사람이 태도를 바꾸고 싸늘해지면 마음 한 구석이 내려앉아 버립니다. 그런데도 불안정한 세상을 살아가는 불완전한 존재로서 우리는 손을 맞잡을 누군가가 절실히 필요합니다. 많은 불확실성을 견디며 결혼을 선택한 이유니까요. 그렇다고 결혼만 하면 저절로 괜찮은 결혼 생활을 하게 되는 건 아닙니다. 서로가 조화롭기 위해 어른다운 태도와 관계의 기술을 꼭 배워야만 합니다.

　결혼은 둘이 함께 손을 맞잡고 추는 춤입니다. 서로의 발등을 밟지 않기 위해 연습이 필요한 것처럼, 부부 관계도 연습이 필요합니다. 두 사람이 함께 멋진 춤을 추고 있다면 왜 다른 파트너가 필요하겠습니까? 그것만이 확실한 예방책이 될 겁니다.

불행의 끝이 해피엔딩이길

모두의 상황이 다르기에 세세하게 들여다볼 수는 없었지만, 불륜에 대한 전반적인 내용을 다루었다. 이 책을 마무리하며 총 정리를 하자면, 불행한 일이지만 누구에게나 일어날 수 있는 일이라는 것이다. 혹시 자기 일이 되었다면, 자신을 잃어버리고 무너져내려야 할 일이 아니다. 그리고 충분히 지혜롭게 대처할 매뉴얼이 있다. 어떤 상황에서도 감정대로 행동하지 않고 원인을 파악하면 답은 있기 마련이다. 아무리 미워도 서로 존중함을 잃지 말아야 한다. 막말을 주고받는 파국적인 상황이 되면 의도와 다른 결과를 감당해야 한다.

일단 눈앞에 펼쳐진 상황을 합리적으로 대처하는 데 최선을 다하자. 감정에 치우쳐 관념에 사로잡히면 아무것도 얻지 못하고 고통은 배가 될 뿐이다. 상황 정리 후에 관계를 보수하고 상처 입은 자신을 치유하는 과정을 잘 마무리하면 된다. 절대 없어지지 않을 상처라는 비극적인 생각 따위에 빠지지 말자. 반드시 치유될 것이고, 더 건강해지리라는 사실을 믿어도 좋다. 섣부르게 절망하고 포기해야 할 일도 아니다. 그러니 이 사람 저 사람 붙잡고 위로받으려 기대하지 말자. 그 때문에, 상황이 더 부풀려져서 상처가 깊어지고 추후 관계가 어려워진다. 자신의 짐은 자신이 지는 게 옳다.

언제라도 끝을 낼 수 있는 칼자루는 당신이 쥐고 있으니 끝까지 노력해보자. 그 전에 최선을 다해 감당하며 자신을 강하게 단련하자. 만약 이 상황을 잘 이겨내면 당신은 놀랍도록 강한 사람이 될 수 있을 것이다.

이후에는 어떠한 어려움이 닥쳐와도 너끈히 이겨나가는 자신을 만나게 될 것이다. 당신이 아무리 어처구니없는 일을 겪는 것 같아도 남은 삶에 유용한 지혜와 용기를 배우는 시간이었다는 걸 알게 될 것이다. 그 시간을 통해 사랑과 감사를 배우게 될 것이다. 그 어떤 스승의 가르침에서보다 많은 걸 배우고 깨닫는 시간이 될 것이다. 많이 아프겠지만, 포기하지 않는다면 당신의 삶은 더욱 풍성하고 아름다워질 것이라고 믿는다.

이 책을 읽는 모든 분에게 그런 축복이 가득하길 기도하며 응원한다.

불륜의 재발견 **벗겨봐**

초판 1쇄 인쇄 2022년 09월 10일
　　1쇄 발행 2022년 09월 26일

지은이　　아비가일 차
발행인　　이용길
발행처　　**모아북스**
　　　　　　MOABOOKS

관리　　　양성인
디자인　　이룸

출판등록번호　제 10-1857호
등록일자　　1999. 11. 15
등록된 곳　　경기도 고양시 일산동구 호수로(백석동) 358-25 동문타워 2차 519호
대표 전화　　0505-627-9784
팩스　　　031-902-5236
홈페이지　　www·moabooks·com
이메일　　moabooks@hanmail·net
ISBN　　979-11-5849-189-5　13040

당신이 생각한 마음까지도 담아 내겠습니다!!

책은 특별한 사람만이 쓰고 만들어 내는 것이 아닙니다.
원하는 책은 기획에서 원고 작성, 편집은 물론,
표지 디자인까지 전문가의 손길을 거쳐
완벽하게 만들어 드립니다.
마음 가득 책 한 권 만드는 일이 꿈이었다면
그 꿈에 과감히 도전하십시오!

업무에 필요한 성공적인 비즈니스뿐만 아니라 성공적인 사업을 하기 위한
자기계발, 동기부여, 자서전적인 책까지도 함께 기획하여 만들어 드립니다.
함께 길을 만들어 성공적인 삶을 한 걸음 앞당기십시오!

도서출판 모아북스에서는 책 만드는 일에 대한 고민을 해결해 드립니다!

모아북스에서 책을 만들면 아주 좋은 점이란?

1. 전국 서점과 인터넷 서점을 동시에 직거래하기 때문에 책이 출간되자마자 온라인, 오프라인 상에 책이 동시에 배포되며 수십 년 노하우를 지닌 전문적인 영업마케팅 담당자에 의해 판매부수가 늘고 책이 판매되는 만큼의 저자에게 인세를 지급해 드립니다.

2. 책을 만드는 전문 출판사로 한 권의 책을 만들어도 부끄럽지 않게 최선을 다하며 전국 서점에 베스트셀러, 스테디셀러로 꾸준히 자리하는 책이 많은 출판사로 널리 알려져 있으며, 분야별 전문적인 시스템을 갖추고 있기 때문에 원하는 시간에 원하는 책을 한 치의 오차 없이 만들어 드립니다.

기업홍보용 도서, 개인회고록, 자서전, 정치에세이, 경제 · 경영 · 인문 · 건강도서